AF393971

FSC
www.fsc.org
MIXTE
Papier issu
de sources
responsables
Paper from
responsible sources
FSC® C105338

Dans les mêmes éditions

- NAS E. BOUTAMMINA, « Musulmophobie - Origines ontologique et psychologique », Edit. BoD, Paris [France], décembre 2009.
- NAS E. BOUTAMMINA, « Les Jinn bâtisseurs de pyramides…? », Edit. BoD, Paris [France], janvier 2010.
- NAS E. BOUTAMMINA, « Jésus fils de Marie ou Hiyça ibn Māryām ? », Edit. BoD, Paris [France], décembre 2010.
- NAS E. BOUTAMMINA, « Moïse ou Moūwça ? », Edit. BoD, Paris [France], janvier 2010.
- NAS E. BOUTAMMINA, « Abraham ou Ibrāhiym ? », Edit. BoD, Paris [France], février 2010.
- NAS E. BOUTAMMINA, « Connaissez-vous l'Islam ? », Edit. BoD, Paris [France], mars 2010.
- NAS E. BOUTAMMINA, « Mahomet ou Moūhammad ? », Edit. BoD, Paris [France], mars 2010
- NAS E. BOUTAMMINA, « Le Jinn, créature de l'invisible », Edit. BoD, Paris [France], janvier 2011.
- NAS E. BOUTAMMINA, « Français musulman - Perspectives d'avenir ? », Edit. BoD, Paris [France], mai 2011.
- NAS E. BOUTAMMINA, « Judéo-Christianisme - Le mythe des mythes ? », Edit. BoD, Paris [France], juin 2011.
- NAS E. BOUTAMMINA, « Les contes des mille et un mythes - Volume I », Edit. BoD, Paris [France], juillet 2011.
- NAS E. BOUTAMMINA, « Y-a-t-il eu un temple de Salomon à Jérusalem ? », Edit. BoD, Paris [France], aout 2011.
- NAS E. BOUTAMMINA, « Les contes des mille et un mythes - Volume II », Edit. BoD, Paris [France], novembre 2011.
- NAS E. BOUTAMMINA, « Les ennemis de l'Islam - Le règne des Antésulmans - Avènement de l'Ignorance, de l'Obscurantisme et de l'Immobilisme », Edit. BoD, Paris [France], février 2012.
- NAS E. BOUTAMMINA, « Le secret des cellules immunitaires - Théorie bouleversant l'Immunologie [The secrecy of immune cells - Theory upsetting Immunology] », Edit. BoD, Paris [France], mars 2012.
- NAS E. BOUTAMMINA, « Comprendre la Renaissance - Fabrique de l'Histoire de l'Occident », Edit. BoD, Paris [France], août 2013.

Collection Anthropologie de l'Islam

- NAS E. BOUTAMMINA, « Apparition de l'Homme - Modélisation islamique - Volume I », Edit. BoD, Paris [France], septembre 2010.
- NAS E. BOUTAMMINA, « L'Homme, qui est-il et d'où vient-il ? - Volume II », Edit. BoD, Paris [France], octobre 2010.
- NAS E. BOUTAMMINA, « Classification islamique de la Préhistoire - Volume III », Edit. BoD, Paris [France], novembre 2010.
- NAS E. BOUTAMMINA, « Expansion de l'Homme sur la Terre depuis son origine par mouvement ondulatoire - Volume IV », Edit. BoD, Paris [France], décembre 2010.

Collection Œuvres universelles de l'Islam

- NAS E. BOUTAMMINA, « Les Fondateurs de la Médecine », Edit. BoD, Paris [France], septembre 2011.

Nas E. Boutammina

Le Rétablisme

Introduction

Le Rétablisme apparaît dans un contexte scientifique fortement imprégné par le développement des diverses disciplines des Sciences humaines, celles des sciences expérimentales, par les techniques de traitement formel de l'information [informatique]. Celles-ci sont articulées autour de concepts-pivots et animées par des idées-forces ou hypothèses fondamentales attraits à la nature profonde de l'Histoire et de l'historiographie [Histoire des Sciences, Théologie, Tradition, etc.] érigées en dogmes, de leur objet d'étude. Le Rétablisme s'annonce par sa manière de dévoiler leur inexactitude, leur mensonge, leur confection.

Le Rétablisme pose dans la conception même de l'Histoire et de l'Historiographie la question de leur objet véritable, de leur délimitation, de leur spécificité et de leurs fondements. Il est donc impossible aujourd'hui, vu l'état actuel de désinformation et de *décérébration* de masse, de s'en tenir, pour décrire ce domaine, à une définition « *historique* » type officiel [Histoire orthodoxe] et tenter de parvenir à une conception intellectuelle parfaitement sensée, rationnelle et en somme authentique.

Enfin, le statut problématique de la véracité historique des évènements ou des faits pose des questions épistémologiques que le Rétablisme se doit absolument d'élucider par des travaux qui se veulent fortement appuyés sur l'enquête expérimentale et généralement justiciables d'une évaluation scientifique.

Si le Rétablistes plonge aux sources des principales disciplines scientifiques des temps modernes, c'est pour démontrer par une argumentation rigoureuse les assertions qu'il soutient.

La logique rétabliste apporte au cours de cette époque de manipulation de l'information, d'essentiels outils conceptuels et techniques afin de constituer un cadre dans lequel peuvent être réfléchis à la fois le formalisme et l'Histoire portés à un haut degré de généralité et d'opérativité.

Le Rétablisme rassemble la plupart des ingrédients nécessaires à la mise en œuvre du grand projet d'explication des évènements historiques passés et présents dont sont issus les patrimoines culturels des sociétés contemporaines : il s'agit de rien de moins que de remettre la « *pendule à l'heure* ». C'est effectivement là que le Rétablisme puise une bonne part de son inspiration initiale : enrichir son répertoire d'idées qui remettent en cause l'*Histoire officielle*, cette Histoire fabriquée et institutionnalisée depuis des siècles et qui reste le fondement culturel des sociétés contemporaines.

I - Qu'est-ce que le Rétablisme ?

A - Généralités

1 - Rétablisme - Rétabliste - Définition

a - Rétablisme

Expression qui provient du mot *rétablir* qui se définit par remettre : *dans son état premier, dans son état antérieur ; dans son état normal ; dans son état authentique ; faire exister de nouveau. Enfin, par extension, redonner à quelque chose [notion, concept, idée, pensée, science, savoir-faire, art, etc.] à quelqu'un ce dont il a été dépouillé.*

b - Rétabliste

Se dit d'un individu qui est favorable au Rétablisme, milite pour le courant de pensée rétabliste. Qui adhère à l'idéologie, militant en faveur du Rétablisme ; adhérent [e] du Rétablisme. D'une manière générale, c'est combattre, lutter [sans employer de moyens violents] pour faire prévaloir une idée, une thèse, une doctrine du Rétablisme. Par extension, il désigne un mot qui donne une qualification à un substantif ; il en désigne la qualité ou manière d'être [par exemple, une position rétabliste, un discours rétabliste, une pensée rétabliste, etc.].

2 - Notion du Rétablisme

Ecole ou mouvement intellectuel, littéraire et artistique principalement caractérisé par le refus de toute considération intellectuelle, esthétique ou morale de l'*Histoire orthodoxe*, par la prépondérance accordée à la quête historique par la critique textuelle scientifique, aux forces de la rationalité, de la logique, de la raison libérées du contrôle monoscripte et monolithique de l'*Historeupéenne* ou *Historeupéocentrisme*. Ce terme définit l'Histoire et l'Historiographie essentiellement écrite et réécrite par l'Europe et axée, selon elle, sur l'*héritage gréco-romain*.

Le Rétablisme veut découvrir, surprendre, provoquer et chercher à dégager une réalité supérieure, l'authenticité des faits, en recourant à divers moyens et méthodes : un consensus scientifique pluridisciplinaire, une mise en place de cercles d'études, une exploration systématique et générale de tous les supports textuels, des moyens de communication, rapprochements avec d'autres modes de pensée partageant les mêmes espérances et la même quête.

Le Rétablisme prône l'indépendance d'esprit en particulier à l'égard des dogmes historiques et religieux. Par extension, le Rétablisme est l'ensemble des doctrines intellectuelles fondées sur la garantie de la vérité historique contre tout type de dogmatisme incohérent, contre l'autorité arbitraire de l'Histoire orthodoxe, d'un gouvernement ou contre la pression des groupes particuliers monopoles économiques, oligopoles de la pensée unique, globalisation ou mondialisation culturelle ou intellectuelle, etc. C'est également, la tendance à s'orienter vers une quête spirituelle de haut niveau !

Le Rétablisme est donc le fait de remettre dans son état authentique, son état premier, original, ce qui a subi des altérations, ce qui a été pris ou possédé injustement ou illégalement par l'*Histoire orthodoxe*. Afin d'appréhender le Rétablisme, un sujet d'études tel que l'Histoire de la *Civilisation de l'Islam Classique* [pré-Civilisation de l'Islam Classique ou [CIC], CIC et post-CIC, son effondrement] aidera à illustrer les observations. En d'autres termes, la CIC servira de trame de fond ou de fil conducteur à l'explication générale du

Rétablisme. De ce fait, le Rétablisme a pour vocation de reconstituer tout ou partie de cette Histoire dont les caractéristiques initiales ont été transformées, amoindries ou supprimées lors du passage dans l'appareil de l'Eglise et son bras séculier [monarques, bourgeoisie, etc.] ou dans le circuit sioniste. Remettre en valeur ce qui a fait l'originalité de l'Islam, à savoir son *Universalisme*, c'est à dire « *Être au service de l'Humanité* » et la quête de la Connaissance, le Savoir [Sciences].

Enfin, remettre à l'honneur les illustres personnages de la *Civilisation de l'Islam Classique*, si longtemps oubliés afin de rétablir le patrimoine culturel de ceux qui se prévalent de l'Islam cloîtrés depuis de nombreux siècles dans l'Ignorance, l'Obscurantisme et l'Immobilisme.

Finalement, c'est redonner à l'Humanité ce dont elle a été dépouillée, un pan de son histoire : sa *Culture universelle*. Rendre à l'Homme ce dont on l'avait injustement privé : la Culture de la *Civilisation de l'Islam Classique* [CIC] pour renouer avec ce schéma civilisationnel pour en tirer des observations, des leçons à une époque de faillite mondiale, de désordre planétaire.

Par extension, le Rétablisme encourage et appuie toute action, toute opération, toute proposition ou toute idée quel que soit son origine ou obédience et s'efforce de rétablir l'exactitude, l'authenticité, quel que soit sa nature, la probité d'une conduite, la justesse d'un acte qui a été volontairement ou non produite ou imaginée, diffusée et institutionnalisée !

a - Rétablisme et proposition rétabliste

Le terme « *rétabliste* » a au moins plusieurs sens. D'abord, au sens large, une proposition est dite *rétabliste* si elle remet en question par l'observation, l'analyse et l'argumentation toute idée ou toute notion préconçue qui paraît illogique, extirpée de la réalité et donc de la vérité et imposée en tant que dogme. Ceci en vertu de la signification qu'elle véhicule. Ainsi, une proposition rétabliste est louable car conduite par la vérité et portant sur l'Universel, c'est-à-dire sur des valeurs absolues.

Toute vérité est rétabliste et se laisse ramener à la raison et au bon sens. On dit qu'un jugement est rétabliste quand celui-ci est contenu implicitement dans son concept à savoir la connaissance, le discernement de l'imposture, du faux, de la mystification, de l'invention.

Une idée, un concept ou une pensée rétabliste est une quête de la vérité, de la logique ou est réductible à un bien-fondé de la logique à l'aide de la cognition, de la réflexion sans aucun à priori. Pour établir la pertinence d'une proposition rétabliste, il suffit de se référer aux significations et aux lois générales de la logique et du raisonnable.

On notera que grâce aux sciences et à la réflexion, l'existence d'actions rétablistes est une condition qui revêt les propriétés de l'universalité. Toute proposition en quête de vérité est rétabliste, c'est-à-dire que la vérité ne dépend plus de ceux qui l'ont dissimulés ou escamotés.

b - Valeur du Rétablisme

La réflexion sur le Rétablisme n'est aucunement d'ordre spéculatif ou abstrait. Il se définit par l'adéquation de l'esprit à la science, avec souvent l'idée du divin comme garde-fou entre l'intellect humain et l'univers qui l'entoure. Le Rétablisme se définit par l'accord des esprits entre eux pour un même objectif : la vérité, c'est à dire la réalité. « *Être au service de l'Humanité* » est sa préoccupation constante. Chaque humain est ou doit être un rétabliste du fait de son rapport intrinsèque à l'ensemble de l'Humanité. Il faut aussi mentionner que le critère du Rétablisme se définit par le succès dans l'action qu'il commande. Le rapport du Rétablisme aux valeurs [éthiques, esthétiques, etc.] est qu'il soit attaché à ces dernières qui exigent de lui que soient véridiques ses jugements, ses propositions, etc.

c - Le sujet du Rétablisme

Le Rétablisme est antonyme de fausseté, de dissimulation, de mensonge. Ceci veut signifier que ce mot, *Rétablisme*, doit ici être entendu en son sens fort. Seulement, le mot même de Rétablisme demande à être précisé. Il doit prendre le plus souvent un sens de logicien, le sens d'une dynamique réflexive : « *raisonner avec rigueur, de façon rigoureuse* ». On dira seulement qu'il paraît difficile, voire inacceptable d'attribuer au Rétablisme un quelconque laxisme au « *désordre global établi* », une paresse intellectuelle et une insouciance dans le chaos, un confort dans le laxisme.

Le Rétablisme et le *Dogmatisme*[1] [intellectuel, religieux, esthétique, artistique, etc.] sont les principales notions susceptibles d'affecter une proposition, une idée, une pensée, une action, etc. L'une [*Rétablisme*] utilisant la réflexion, la logique et le *pragmatisme*[2], l'autre [*Dogmatisme*] se servant du *conformisme*[3], de la passion et de l'*empirisme*[4]. Entendons-nous « *les principales notions susceptibles* » qui gèrent l'histoire du monde en tant que thèse et antithèse c'est à dire le contraste naissant du rapprochement de deux idées qui s'opposent. Quand on modifie ou même on rompt l'hégémonie du Dogmatisme par l'introduction d'une notion inédite, le Rétablisme, c'est qu'on ajoute un caractère « *supra-logique* » ou « *super-logique* ».

---

[1] *Dogmatisme.* Disposition d'esprit d'une personne à affirmer de façon péremptoire ou à

[2] *Pragmatisme.* Doctrine qui prend pour critère de vérité d'une idée ou d'une théorie sa possibilité d'action sur le réel. Par extension, comportement, attitude intellectuelle ou politique, étude qui privilégie l'observation des faits par rapport à la théorie.

[3] *Conformisme.* Attitude passive de celui ou de celle qui règle ses idées, son comportement, sur ceux des personnes de son milieu.

[4] *Empirisme.* Méthode qui ne s'appuie que sur l'expérience concrète, particulière. Qui se fonde uniquement sur l'expérience, l'observation, le hasard, rejetant ainsi tout recours à la théorie ou au raisonnement.

Par exemple, dans des couples d'opposés comme « *Rétablisme-falsification* », ou « *Rétablisme-mensonge* », il est clair que le second terme comporte une notion psychologique qui se dissipe avec le premier. Et quand on introduit le concept Rétablisme, on fait appel à une notion d'ordre *épistémologique,* c'est à dire proprement méthodique des concepts de réel ou vrai et d'inexacts ou faux.

Les Rétablisme n'a de sens que par et pour les relations réciproques qu'il entretient avec des idées telles que le savoir, la Science, la raison, le bon sens, la sensibilité, etc. Même si l'on s'en tient à un langage des plus soucieux de précision et de logique, celui du Rétablisme, il n'en demeure pas moins que pour lui donner un sens réel, la volonté est une valeur essentielle. C'est à partir des rapports mutuels intelligents et savants entre les hommes que ceux-ci prennent leur sens. Et c'est par la cohérence du système rétabliste ou du Rétablisme, dans la mesure où celui-ci n'est nulle part expressément contredit par la Science et la raison, qu'on juge de sa pertinence et de son efficacité.

Si cette relativité du Rétablisme fait échec au Dogmatisme, elle peut libérer l'Homme de son scepticisme et du coup du joug dogmatique. En tous domaines [historique, théologique, sociologique, éthique, esthétique, etc.], une proposition rétabliste n'a de sens, et par conséquent de valeur que par rapport à la coordination d'un ensemble d'hommes et de femmes plus ou moins structurés et unis. Mais une fois intégré dans cet ensemble, le Rétablisme est, relativement efficace dans cet ensemble-ci.

- *Le rapport du Rétablisme à la connaissance*

La notion de Rétablisme n'est en aucune manière ambiguë. Le fait de soumettre quelque chose à la réflexion, à l'évaluation, à l'approbation confère à une proposition rétabliste une véracité mais également à son contenu : les idées qui visent la connaissance.

Une première exigence à remplir pour que le Rétablisme acquiert un statut catégorique ou *prédicatif* est de séparer le faux du vrai, l'erreur de la certitude, la confiance du doute, le probable de l'improbable, le mythe de la réalité, la science de la fiction, la connaissance de l'ignorance, le dynamique du statique. Voilà l'action du Rétablisme !

- *Fait préétabli et fait rétabli*

La mise en place d'un évènement, d'un fait, d'une histoire devenue classique et dogmatique préétablie comme exacte n'aurait jamais pu voir le jour si elle aurait été opposée au Rétablisme en possession d'un type de raisonnement aux conditions formelles.

Il importe ici de considérer le rapport entre sens et Rétablisme, et on découvrira que l'évolution de l'idée de Rétablisme, qui par sa normativité assure à la pensée son caractère rationnel, est indissociable de la connaissance. Les conditions du discours signifiant assurent un statut au Rétablisme qui gagne en clarté. Lorsque le Rétablisme soutient que la connaissance globale remet intégralement les choses à leur place, il se situe dans une position qui rejette, avec l'existence du faux, le dire faux comme non-sens. On comprend dès lors que le Rétablisme doive mettre fin à l'alternative entre le faux et le rien, le mensonge et le silence, en s'attaquant à cette conception qui fait que l'ignorance soit l'objet transitif du discours.

Le Rétablisme s'emploi à démontrer, que, en dehors de l'alternative entre le discours préétabli et le silence tacite, il existe une proposition irréductible.

La thèse du Rétablisme est donc inséparable de la démonstration de la possibilité du discours véridique. Cependant, cette possibilité

---

[5] *Prédicatif.* Qui affirme d'une façon absolue et définitive.

relève de la connaissance qui se désolidarise de l'ignorance ou de l'erreur qui se réfute.

Certes, on peut déplorer l'avènement inconditionnel du *Dogmatisme* [intellectuel, historique, théologique, artistique, etc.], il reste que la notion même de signification du Rétablisme, si centrale pour le modernisme, n'aurait jamais vu le jour si l'*historicide* perpétré par l'Ignorance dogmatique n'avait pas ouvert la voie à l'approche discursive de la pensée rétabliste contemporaine.

La thèse de l'essence originelle du Rétablisme, la certitude, dans la sphère de la logique de la connaissance s'éclaire si l'on prend en compte le raisonnable, le sensé, l'observation, l'exploration, l'investigation, bref la remise en question du « *communément admis* ». C'est en effet dans ce schème qu'apparaissent, d'après le Rétablisme, les germes de la conception savante du vrai et du faux, du réel et du fabriqué au sens d'élaborer de manière à tromper, à ourdir.

Par cette notion, il s'agit de rétablir l'arrière-plan phénoménologique de la définition du Rétablisme par opposition au Dogmatisme qui incarne la fausseté historique comme modalité de la pensée contemporaine. C'est dire que le Rétablisme dans les choses qui constituent la réalité à laquelle finalement se mesure un jugement incontestable. Quelles que soient les réserves suscitées par l'ancrage objectif du Rétablisme, celui-ci implique, outre l'effort de se prémunir contre le *solipsisme*[6] de l'évidence, les éléments d'une véritable critique de toute théorie dogmatique ou dogmatisante. Celle-ci demeurant en effet soumise aux critères du Rétablisme dont les sciences et la connaissance sont le fondement. Ces derniers ne conçoivent pas le Rétablisme autrement qu'en référence aux caractères de conformité de la pensée à son objet : la *Vérité*.

C'est pourtant à l'objectivisme du Rétablisme que le rétabliste entend pour sa part substituer ce rapport hermétique de la

---

[6] *Solipsisme.* Attitude du sujet pensant pour qui sa conscience propre est l'unique réalité, les autres consciences, le monde extérieur n'étant que des représentations.

désinformation et de la manipulation car ce qui, à ses yeux, soutient la question du Rétablisme est davantage le besoin d'une élucidation du sens du Dogmatisme mensonger en vue de pénétrer sa structure fondamentale, sa source originelle.

Cependant en revendiquant une forme de retour à l'authenticité, le Rétablisme restaure dans ses droits un sens critique qui ne se réduit pas à une simple théorie de la connaissance. De fait, le Rétablisme transcende l'habitude et l'ignorance et élucide la possibilité dynamique de la connaissance qui procède à la formation autonome d'une logique de l'individu qui pourra ainsi œuvrer toujours plus au service de la Vérité. Ainsi, le rétabliste décline-t-il l'ignorance, les préjugés, le préétabli, en un mot le Dogmatisme, en ne s'attachant, sur le modèle de la science, qu'à la connaissance du vrai, du réel, du certain.

Le Rétablisme objecte que l'historicité des discours dogmatiques est porteuse de sens, mais qu'en réalité il débouche sur un non-sens, une incohérence si celle-ci est soumise à une réflexion critique. Par cette réhabilitation de la *Vérité* [intellectuelle, religieuse, historique, éthique, etc.], le Rétablisme rappelle à point nommé que la théorie du sens dont a besoin la pensée n'est en réalité possible qu'à partir de l'annihilation du Dogmatisme [intellectuel, philosophique, religieux, historique, éthique, idéologique, politique, etc.].

d - Sens et Rétablisme

Le Rétablisme se caractérise comme une propriété de l'énoncé doué de sens, d'une logique du vrai. En d'autres termes, une proposition [idéologique, philosophique, politique, historique, religieuse, etc.] porteuse du Rétablisme anti-fausseté met en péril le Dogmatisme ; ce qui revient à dire qu'à ce dernier lui soit ôté son absolutisme à discourir et à se faire entendre le premier et donc à monopoliser l'attention. C'est pourquoi un rétabliste particulièrement intéressé par une réflexion dogmatique historique ou idéologique sur ses fondements fait acte d'indépendance et de dynamisme intellectuels. Sa recherche du sens des énoncés vrais en s'aidant de la Science et de la raison, ne peut que déboucher sur la voie de la confrontation avec la mystification dogmatique qui campe sur sa position qu'elle pense immuable.

À ce point, bon sens, Science, raison et Rétablisme sont indissociables car on ne peut comprendre le sens d'un énoncé dogmatique qu'il soit philosophique, religieux, historique, éthique, idéologique, politique, etc., sans dévoiler les conditions dans lesquelles il est juste ou inexact, pas plus qu'on ne peut révéler ces conditions sans clarifier son sens et sa visée véritables.

Les critères du sens du Rétablisme sont de retrouver ce qui a été dissimulé, falsifié, corrompu ou supprimé. Ainsi, le Rétablisme s'engouffre par la totalité de la brèche de l'espace rationnel qui a été laissée ainsi ouvert par négligence ou par accident pour découvrir la réalité et rétablir la Vérité. Telle est la situation où le Rétablisme peut montrer qu'il ne se réduit pas à une notion simplement formelle, mais constitue bien l'identité de structure de la réflexion et de la Connaissance [Science, Art, Ethique, etc.] !

L'enquête rétabliste moderne, logique, savante démontre que, en scrutant, au-delà de l'apparent, des énoncés dogmatiques, les conditions structurales du Rétablisme pourvu de sens, loin d'ignorer la dimension transcendantale de la raison, est à même de répondre à l'exigence ontologique de la société humaine en élucidant le désordre planétaire, le chaos mondial. Une fois reconnu l'enjeu civilisationnel, la définition du Rétablisme comme prédicat attribué à ce qui est sensé, raisonnable, perspicace.

Investi d'un sens objectif, le Rétablisme agit comme signification subsistant pour autrui et conduit à une forme de réalisme des valeurs universelles !

• *Le critère de la signification du Rétablisme*

Le fait que l'ensemble de ce qui est reconnu dogmatique dans le monde doit être exposé à l'incertitude et à la correction par le Rétablisme. La critique rétabliste d'après laquelle le Dogmatisme [intellectuel, philosophique, religieux, historique, éthique, idéologique, politique, etc.] déplace plus la problématique qu'il ne la résout est empiriquement significatif car il répond à une exigence négative comme la falsification, la mystification, la contre-vérité. Amené par conséquent à réviser la position initiale du Dogmatisme, le Rétablisme libéralise et divulgue progressivement son critère de la signification pour adopter une distinction nette entre énoncé rétabliste et énoncé dogmatique, en vertu duquel il est possible de discréditer ce dernier par des éléments logico-déductifs et factuels.

Un énoncé dogmatique comme, par exemple, « *les Grecs sont à l'origine des Sciences et les Musulmans ont été de simples copistes* » appartient, d'après le Rétablisme, à la catégorie des énoncés faux parce que la conception intellectuelle de l'Univers chez les Grecs est magique, mythologique, superstitieuse et légendaire donc par déduction anti-scientifique. En effet, la Science est antinomique de la magie, de la mythologie, de la superstition et de la légende !

Cet énoncé dogmatique touche au réductionnisme mensonger qui, ultimement, entend soumettre à l'épreuve de la Vérité des énoncés, lesquels constitueraient alors, une fois fabriqués et institutionnalisés, une base incorrigible et par conséquent immuable !

Au premier dogme pseudo-historique, une thèse dogmatique lui correspond une rectification rétabliste, en réalité une antithèse rétabliste. Cette dernière oppose l'argument que la prescription artificielle vaut seulement dans le cadre de l'ignorance, de l'abêtissement, de la désinformation et de la manipulation. Le concept de Rétablisme sur laquelle repose celui d'identité de la réflexion éclaire les énoncés cognitifs comprenant indissociablement des composantes rationnelles et factuelles. La démarche rétabliste procède par des critères et des arguments avec des lois scientifiques.

L'énoncé dogmatique « *les Grecs sont à l'origine des Sciences et les Musulmans ont été de simples copistes* » étant à critère artificiel [sans fondement, contrefait] est, pour le rétabliste, un cas que la critique textuelle sérieuse rejette et qu'il est invraisemblable que la Science ou la raison valide !

Un empirisme débarrassé de ces dogmes aboutit, pour le Rétablisme, à une vision purifiée de la connaissance scientifique où les problèmes d'ontologie s'accordent désormais avec ceux du langage empirique pris d'une manière globale !

Le Rétablisme élaboré dans l'esprit méthodologique des sciences empiriques, aboutit à résoudre scientifiquement la problématique du *Dogmatisme* sur lequel est bâti l'*Histoire orthodoxe*[7] , les diverses idéologies philosophiques ou politiques. N'est-ce pas dans l'exacte mesure où il [Dogmatisme] souligne l'aporie de toute thèse du Rétablisme en tant que mise en adéquation des énoncés ou théorie avec des faits avérés ?

Ce qui rend l'énoncé « *la Grèce est la patrie des savants* » *faux* n'est pas « *la Grèce* », mais le fait que « *la Grèce est la patrie des savants* ». Il est à noter que la notion d'adéquation [ou de correspondance] employée dans ce type de thèse, imposée et défendue par tout dogmatique à l'encontre de la position cohérente qui prévale dans le cercle rétabliste.

---

[7] *Histoire orthodoxe.* Histoire imaginée au *Moyen-Age*, compilée, écrite et diffusée pendant la *Renaissance*, institutionnalisée au *siècle des Lumières* et vulgarisée à l'*époque contemporaine* par les autorités de l'Eglise [et le bras séculier] et qui constitue l'Histoire et l'historiographie officielles de l'Occident chrétien.

Un autre argument de poids qui maintient fermement la thèse rétabliste dans ses droits est que la conception du vrai, de l'authentique, du réel, de l'exact montre que leurs rapports, considérés d'un point de vue épistémologique, conduit à sortir du cachot étroit de l'ambivalence *ignorance-désinformation* adoptée par la culture dogmatique classique largement répandue.

Le Rétablisme tient à préserver son orientation vers la connaissance véritablement empiriste. Le Rétabliste, peut non seulement refuser de qualifier de véridique ou d'inexact ce qui se révèle comme démontré après vérification, mais également s'appuyer sur la concordance des assertions, des faits avec la provenance de leurs sources. Au sens général, ce qui attribue à une expression rétabliste sa signification empirique est sa faculté à transcender le vrai et donc dépasse le cadre de son indication *ostensive*[8].

On ne peut placer les questions rétablistes hors du champ du Savoir. Cela étant dit, le Rétabliste ne peut se résoudre à se pencher en faveur d'une vue qui serait celle de l'approximatif s'il n'estimait pas essentiel d'en rectifier sa conception, sa nature, son origine en l'analysant à la lumière de la connaissance et du raisonnement.

De quelque côté que l'on se tourne, il semble bien que la logique du Rétablisme et sa correspondance avec les faits référentiels dans l'ordre de la connaissance, tant il est vrai que la science n'est en somme rien moins que l'expérience de la critique rationnelle à laquelle est exposé le concept même de Rétablisme.

La mise en danger, l'échec ou l'annihilation d'un système, d'une doctrine, d'une opinion ou d'une règle référentielle par le Rétablisme signifierait une victoire de la Connaissance, et cela sans concéder à une notion ambiguë de compréhension, ni à un retour à une pensée arbitraire monolithique comme l'est celle du Dogmatisme qu'il soit intellectuel, éthique, religieux, idéologique, philosophique, historique,

---

[8] *Ostensive.* En parlant d'une proposition, d'une démonstration. Qui fait voir ce qu'elle énonce, qui en présente directement la preuve.

culturel -instruction, éducation-, etc. Cette priorité rétabliste est relative à la Connaissance [ou Savoir] donc au connaissable par les outils de la Science [*Réflexion, Observation, Expérimentation, Validation, Modélisation*] qui souscrit à l'appréhension d'un énoncé, d'une proposition ou d'un objet [intellectuel, éthique, religieux, idéologique, philosophique, historique, etc.].

Le Rétablisme est une idéalisation de l'acceptable rationnalisé à l'intérieur des opérations de la science, sans référence des états de choses d'ordre émotionnel ou passionnel !

- *Rétablisme pragmatiste*

L'inspiration pragmatiste définit le Rétablisme par le succès dans l'action et la convergence des idées qui ont leur source dans la réflexion et la remise en question des dogmes institutionnalisés et vulgarisés comme étant vrais, authentiques, réels.

Les dogmatistes pensaient que rien ne mettrait en doute leur système [doctrine, histoire, religion, etc.] et qu'une confrontation avec des faits autres que ceux qu'ils fabriquèrent est empiriquement impossible mais leurs démarches demeurent fondamentalement imprévoyantes.

Cela veut dire seulement que l'objet de leur système, loin de réclamer une définition réaliste, est avant tout un fait de structure contestable sur la base duquel le rétabliste peut récuser en la confrontant à la réalité à l'aide des instruments de la Connaissance. La vérifiabilité, concept du Rétablisme, coïncide avec l'expérience empirique.

L'idée de l'idéalisation de l'objectivité rétabliste du point de vue méthodologique, désigne la possibilité de découvrir d'autres réalités que celles habituellement admises et avec lesquelles nous sommes déjà familiarisés. Le Rétablisme reconnait la Vérité comme un tout sans résidu, sous un acte universaliste de la pensée. Par Rétablisme, cela laisse entendre soit le rassemblement de propositions ou de points en un ensemble, soit l'opération intellectuelle par laquelle ces derniers sont embrassés. Le Rétablisme reste à l'intérieur, dans de l'intuition sensible où la pensée globalisante est à même d'explorer tous les éléments de cette intuition. Au préalable, il est nécessaire d'examiner la pensée rétabliste qui y intervient et qui puise la connaissance tout en restant à son échelle ou à sa mesure.

Mais la pensée rétabliste perçoit au-delà de la sphère de la réflexion. Ainsi, l'acte intellectuel s'élève jusqu'au discernement, où la vérité se montre lorsque le Dogmatisme atteint ses propres limites. Le Rétablisme, pensé en des termes qu'implique une telle formalisation, est finalement du ressort du vrai ou de la vérité.

L'idée du Rétablisme absolu ne se réduit-il pas à un pur enchaînement de notions ayant prise sur la réalité ? Penser le Rétablisme ne consisterait-il pas à réduire l'ignorance ?

Dans ce désaccord avec l'erreur, la réalité s'impose dans sa rationalité, telle une marche vers l'universel concret, c'est-à-dire vers un universel entièrement intangible qui serait système, idée, histoire. Il ne laisserait subsister rien d'autre hors de lui. Le Rétablisme se reflète aussi dans le rôle joué par l'idée, le sens sur lequel la raison et lui sont certes inséparables, bien plus un esprit de continuité. Le Rétablisme peut aussi révéler une face cachée de l'inachèvement humain qui met en question sa résistance au message de la rationalité.

e - Rétablisme et sa perception

Le Rétablisme souligne son irréductibilité quant à sa perception du monde. Une pensée conceptuelle s'en dégage car un processus logique se caractérise. Chez le rétabliste, le Rétablisme est rattaché à l'idée du contenu concret, indépendant de la pensée, de la réflexion. Le Rétablisme demeure ainsi ouvert à toute suggestion. Il est l'intégration des aspects sensibles qui se confirment.

Quand il nie le Dogmatisme [historique, théologique, idéologique, politique, etc.], le Rétablisme provoque l'explosion. A chacune de ses déflagrations, il reconstitue aussitôt, dans une autre direction réflexive, savante, le processus de la vérité. Le monde devient rétabliste sur un autre modèle que celui érigé en dogme, en principe absolu !

- *Rétablisme et réalité*

Le Rétablisme appartient à l'*Universalisme*, il ne s'enchaîne pas aux individus appartenant au même genre culturel, social, religieux. Bien au contraire, le Rétablisme se lie aux hommes et aux femmes qui constituent une histoire, un espace, où leurs membres composent un organisme, un langage, la vision du monde humain. L'idée du Rétablisme en partant du rapport qui est inscrit dans la recherche des données historiques, dans l'entendement des faits et dans l'établissement des actions qui satisfont la raison.

Malgré son formalisme, le Rétablisme prête une portée ontologique à son action qui ne s'oppose nullement à la raison. Dans les idées de Rétablisme, la raison acquiert ainsi sa valeur cognitive. En accord avec sa nature rationaliste, l'idée de Rétablisme coïncide encore ici avec l'idéal de l'intelligibilité.

Le Rétablisme exerce une fonction régulatrice dans le savoir historique car pour lui, il ne peut rencontrer d'écart entre la raison et la vérité. Le Rétablisme met en question le sens ontologique du dogmatisme !

Découvrant une rationalité au niveau des évènements et de l'histoire, retrouvant l'intelligibilité inhérente à la connaissance, la critique rétabliste ébranle fortement l'idée du dogmatisme, du faux, du mythe, de la désinformation, de la manipulation !

• *La vérité, quête du Rétablisme*

L'*Histoire Orthodoxe* ou *absolutiste* ne peut être vraie que si elle est revue et corrigée par le Rétablisme. Le vrai est l'adversaire naturel du faux, renoncer à lutter contre ce dernier et le laisser se développer réduirait le Rétablisme à une abstraction, à un non-sens. La conception critique fondamentale du Rétablisme est sa rupture avec l'immédiat du donné dogmatique, avec le faux. Celui-ci, se doit d'être toujours circonscrit dans ses quartiers. Il ne peut être que pensé par son auteur mais sans résulter d'une exigence ou d'une prescription à autrui.

La vraie fonction de la pensée rétabliste ne consiste pas à regarder le désordre, le trouble, le mensonge et la turpitude, mais à en déterminer leurs origines, leurs sources en les organisant de manière structurée, scientifique dirons-nous, afin de les appréhender, de les confronter à eux-mêmes et inévitablement de les éradiquer.

D'où l'idée de la dimension historique du Rétablisme : l'histoire étant un élément capital du pouvoir du Dogmatisme.

L'apologie du mensonge et de la mystification s'amplifient depuis que l'historiographie, la culture et depuis peu, les moyens de communication [médias, cinéma, Internet, etc.] expriment le faux encore et toujours, l'humanité s'achemine vers son achèvement : l'*aliénation globale*.

Leur caractère partial même appelle leur rejet, leur négation, qui, dans le concret, s'opère par l'action des hommes raisonnables, c'est-à-dire guidés par l'Universel, modifiant le non-sens en bon sens ou dégageant la raison du donné de la fausseté, du préétabli. Il y a là progression vers l'*Ordre*, mouvement même de l'histoire ou mouvement dialectique de la pensée rétabliste.

II - Rétablisme d'ordre historique et historiographique : critique textuelle savante

A - Définitions

1 - Histoire

Recherche, connaissance, reconstruction du passé de l'Humanité sous son aspect général ou sous des aspects particuliers, selon le lieu, l'époque, le point de vue choisi ; ensemble des faits, déroulement de ce passé.

a - Historien

Celui qui se consacre à l'histoire, qui raconte, analyse des faits, des aspects du passé, rédige des ouvrages d'histoire, enseigne cette discipline.

b - Historiographie

L'activité de celui qui écrit l'histoire de son temps ou des époques antérieures. Ouvrage, ensemble d'ouvrages résultant de cette activité.

2 - Valeur de l'historiographie

Pour le Rétablisme, les valeurs de l'historiographie sont au nombre de deux : l'*historiographie vraie* qui est très rare et l'*historiographie fausse* qui domine la culture. Cette dernière, doit être assignée aux propositions textuelles critiques scientifiques.

La réflexion sur le *Rétablisme historique* suscite des spéculations non philosophiques, mais scientifiques. D'abord sur sa nature. Deux positions, l'une réaliste ou empreinte de vérité, l'autre mythique ou marquée de fausseté, s'opposent sur ce problème. Dès lors, d'un côté, l'*historiographie vraie* ou *Rétablisme historiographique*. Celui-ci se définit par l'adéquation de l'esprit scientifique à l'objet historique, avec l'idée de discernement comme intermédiaire entre la logique et ledit objet historique. De l'autre, l'*historiographie fausse* ou *Dogmatisme historiographique* se définit soit par l'accord des esprits manipulateurs, trompeurs soit même par un caractère plus franchement intrinsèque : fourbe en vue de servir un quelconque intérêt.

3 - Rétablisme historiographique

Quelle est la place du Rétablisme historique dans l'Histoire de la Civilisation humaine ? Doit-il dominer toutes les manipulations par l'exigence que soient vrais ses jugements que nous attendons de lui sur elles ?

La *Civilisation de l'Islam Classique* [CIC] est l'un des sujets d'étude par excellence de ce que l'on attend du *Rétablisme historique.*

4 - Civilisation de l'Islam Classique ou CIC [VIIIe-XIVe siècle]

a - Définition

« *Révolution catalysée par l'Islam de l'ensemble des caractéristiques humaines au niveau social, religieux, moral, esthétique, technique. Évolution des opinions, des courants de pensée, naissance des sciences, des découvertes, des inventions entraînant un bouleversement, une transformation profonde de l'ordre social, moral, économique qui eut lieu dans l'Empire musulman du VIIIe au XIVe siècle et qui métamorphosa la pensée, l'organisation et l'art de la société occidentale du IXe au XVe siècle engendrant la Renaissance [XV-XVIe siècle], l'époque moderne [le siècle des Lumières - XVIIIe siècle], à l'ère industrielle [XIXe siècle] et aboutissant à l'époque contemporaine[9]. »*

Généralement, les propositions historiques de base ou dirons-nous « *classiques* » ou « *communément admises* » résultent d'arrangements politiques plus ou moins arbitraires. C'est là que le Rétablisme historique remet en place ce type de proposition en question et restitue une légitimité à l'Histoire.

Cette légitimité se manifeste également par la distinction des étapes sur lesquels on l'établit. On peut caractériser d'abord le stade de la connaissance historique vulgaire de la *Civilisation de l'Islam Classique* [CIC] imparfaite et contaminée par la fausseté et la désinformation délibéré. Ensuite, celui de la connaissance scientifique ou savante de cette même *Civilisation de l'Islam Classique* limitant au maximum tout type d'erreurs.

Il est assez courant [surtout pour les périodes historiques antérieures au XXe siècle] d'attribuer comme vraie, comme historique, des récits mettant en scène des personnages fictifs, comme par exemple les savants de la Grèce antique tout en évoquant leurs faits intellectuels, sociaux et historiques comme *authentiques*[10]. De la même manière, il est fabriqué pour la CIC un ensemble historiographique faux, de propos défavorables, qui se propagent en général de la sphère savante et dirigeante et qui se répand dans la culture populaire.

Par exemple, il est vrai que le fondateur de la chimie minérale est bien Jabir Ibn-Hayyan [latinisé *Geber* - 721-815] ou celui des mathématiques est M. Al-Khwarizmi [latinisé *Algoritmi* - 800-847], en ce sens que c'est bien ce que saisit notre raisonnement véritable, ce sur quoi nous mesurons la *Civilisation de l'Islam Classique*. À mesure qu'on s'élève de niveau de raisonnement sur la *Civilisation de l'Islam Classique*, le même constat s'observe dans son rapport au Rétablisme historique.

---

[9] NAS E. BOUTAMMINA, « Comprendre la Renaissance - Fabrique de l'Histoire de l'Occident », Edit. BoD, Paris [France], août 2013.
[10] *Ibid.*

Cela est vrai en ce sens, en effet, qu'il n'existe aucune preuve de l'existence et des travaux « *scientifiques* » que le *Dogmatisme historique* attribue à Thalès [vers 625 av. J.-C. - vers 546 av. J.-C] ou Hippocrate [vers 569 av. J.-C. - vers 475 av. J.-C.] et diffuse à travers son historiographie, étant donné que ces personnages, au cas où ils auraient existé, étaient des superstitieux, des adeptes zélés de la magie, de la mythologie. Cette dernière se définit par : fable, théogonie, légende, affabulation, folklore, anecdote, mythe, fiction, utopie, etc. L'antonyme [terme de sens contraire] de la mythologie est vérité, réalité, science, rationalité. Ainsi, cela s'accorde avec les observations et l'analyse du Rétablisme historique qui par l'appui de l'Anthropologie et de l'Ethnologie démontrent cette exactitude concernant la société grecque et par extension la Grèce antique comme ayant une culture et une conception de l'Univers antinomique avec la Science. Finalement, si Thalès et Hippocrate, au cas où ils auraient existé, ne pouvaient en aucune manière ni concevoir, ni même imaginer leurs prétendus travaux ou « *découvertes scientifiques* » !

Faut-il maintenant, par-delà la succession des étapes de raisonnement admettre que le Rétablisme historique se doit de mettre de l'ordre dans le Dogmatisme historiographique ? Plus que jamais. Selon le Rétablisme historique, le mythe de « *la Grèce antique, berceau de la culture et de la science* » est non seulement faux, mais dénué de sens, vicié par une stratégie politico-religieuse, des puissances savantes et dirigeantes. Celle-ci l'a mis au point au *Moyen-Age*, installé à la *Renaissance*, ordonné à l'*époque moderne* [*Siècle des Lumières*] et imposé au XVIIIe siècle et qui connu son âge d'or au XIXe siècle pour être admise comme une évidence au XXe-XXIe siècle.

Il faut cependant se rappeler que, dans une vérité historique encore plus qu'ailleurs, les propositions historiographiques tout support confondu s'agencent, ou du moins visent à s'organiser, en un système de domination, de sorte qu'avec chaque système concorde à la fabrique d'une authenticité des plus honorables [« *savants de la Grèce antique* », « *la Grèce antique, berceau de la culture et de la science* »] et à l'établissement un mensonge des plus imposants [concernant la *Civilisation de l'Islam Classique*].

Faits et évènements fondamentaux se dissimulent et se transforment, se colorent de différentes nuances trompeuses : ainsi, la Civilisation de l'Islam Classique et la Grèce antique n'ont jamais eu le même sens pour le Dogmatisme historique !

Ce sont des rapports inverses entre *Dogmatisme historique* et le *Rétablisme historique* que ceux-ci prennent leur sens, et c'est par la rencontre des deux systèmes, dans la mesure où ce dernier n'est nulle part expressément contredit par la raison et la connaissance, qu'on juge de son exactitude. Si cette relativité du vrai fait échec au Dogmatisme historique, elle conduit pour autant à l'altération sûre du Dogmatisme historiographique qui la véhicule. En tous domaines, une proposition dogmatique perd son sens, et par conséquent devient une valeur rétabliste, que par rapport à un ensemble contextuel incontestable. Mais une fois intégrée dans cet ensemble rétabliste, elle est, relativement à cet ensemble, vraie. Non seulement, le Rétablisme historique relativise les raisonnements dogmatiques, mais il les ruine également !

B - Rétablisme anti-erreur

Il ne peut y avoir *Rétablisme historique* que là où il y a exigence de la vérité. Si on ne cherche pas la vérité historique, on ne se soucie pas du Rétablisme. Le lieu privilégié du Rétablisme en général et historique en particulier est la science.

1 - Rétablisme historique dans la culture populaire

Le Rétablisme historique pousse aussi loin qu'il est possible la critique du Dogmatisme historique qui est inculqué par l'éducation et la culture. Quel remède proposer pour limiter le Dogmatisme historique institutionnel ou de masse ? Contre cette illusion pseudo-historique ne découvre-t-on pas grâce au Rétablisme historique des remèdes contre le fourvoiement et la duperie à l'échelle de masse.

Le Rétablisme historique, en effet, n'apparaît pas seulement comme un prolongement du discernement, mais aussi comme une rupture avec le dogmatisme institutionnel « *savant* » et politique. Elle se rapporte à une expérience construite avec la connaissance [Science] et la réflexion.

2 - *Le Rétablisme historique axiomatique*

L'idée de présenter l'Histoire d'une manière axiomatique relève du Rétablisme historique et constitue à cet égard un modèle de pensée. En fait, on s'aperçoit, au cours des analyses historiographiques « *classiques* » relatives à la *Civilisation de l'Islam Classique*, que les éléments qui l'agencent jouaient un rôle équivoque dans l'établissement du dogme historique institutionnel. Dès lors, le Rétablisme historique s'efforce de dissoudre ces représentations artificielles attachées aux notions, telles que : « *les musulmans sont des copistes de la culture de la Grèce antique* », « *les musulmans sont les transmetteurs des sciences grecques à l'Occident* », des idées comme : « *La science et la culture sont naturellement occidentales* », « *l'Occident retrouve la culture grecque après que celle-ci ait disparu depuis des siècles* », « *la Grèce antique est le berceau de la science, de la démocratie* », et des relations auxquelles ces idées étaient associées. Ainsi s'est constituée la stratégie, depuis le Moyen-Age, avec la politique de l'Eglise et du bras séculier d'acquérir, de traduire [en version latine et grecque], de commenter la culture [scientifique, littéraire, technique, théologique] de la *Civilisation de l'Islam Classique*, selon une présentation formalisée monolithique et monoscripte : la *Civilisation de l'Islam Classique* n'existe pas ou n'a jamais existé ! Voilà ce que le *Dogmatisme historique* institutionnalisé exprime comme conviction qui a prévalu pendant des siècles et qui continue à s'imposer actuellement dans le monde savant ou celui des masses populaires.

En un mot, la *Civilisation de l'Islam Classique* ne pouvait pas résulter d'une croyance religieuse autre que celle de l'Islam et du travail de la raison, de la sensibilité et de l'entendement d'hommes et de femmes. Telle était l'idée qu'on se faisait et que l'on se fait de la *Civilisation de l'Islam Classique* !

Dans cette perspective, la vérité se confond avec la non-contradiction et le Rétablisme avec la cohésion. On s'est donc demandé si toutes les incongruités historiques ne pouvaient pas être reconstruites à partir de bases logiques dont les signes et les règles seraient exhaustivement énoncés et dénombrés. L'entreprise peut être effectuée par le Rétablisme historique sur tous supports historiographiques qui s'affinent et haussent ses exigences au cours du temps. En effet, cette ambition ne peut se heurter à aucune limite et ne doit rencontrer aucun obstacle installé solidement par le *Dogmatisme historique institutionnalisé*.

3 - *Lois historiques du Rétablisme historique*

Dans cette optique, il s'agit d'une explication d'évènements historiques conforme à la réalité, c'est à dire qui représente de manière satisfaisante un ensemble de faits explicables. Ces derniers portent sur la nature ou sur les causes des phénomènes historiques, c'est à dire sur leurs effets observables ou, mieux, « *reproductibles* » dans le parcours du temps. Cette manière de voir s'inscrit dans une pensée rétabliste historique. Ainsi, les effets des évènements historiques sont assujettis à une sorte de lois ou *lois historiques* que l'on ne peut découvrir sans le secours de l'analyse rigoureuse historiographique.

De la même façon, un démantèlement d'évènements historiques faux est essentiel. Dès lors, ce n'est pas seulement une tentative d'explication fondée sur des postulats contraires à la réalité, mais c'est également un ensemble de propositions qui ne concordent pas avec les lois historiques.

À la lumière de cet exposé, la fausseté d'une explication d'évènements historiques peut avoir plusieurs causes : le choix des supports historiographiques pris en compte a été arbitraire ; celui des suppositions qui expriment la forme historique des relations entre paramètres [sources textuelles, nature des documents, objectivité des écrits, intégrité du rapporteur ou de l'*historiographe*[11], etc.] n'a pas été pertinent ou inapproprié ; ainsi que la mise en œuvre des procédés destinés à vérifier les conjectures qui ont été défaillantes, voire inexistantes. Dès lors, on constate qu'aucune comparaison de faits et de contrefaits, d'événements et de contre-événements, de pièces documentaires à pièces documentaires, de postulats à procédés d'investigation.

En même temps, ce qui confère au Rétablisme historique ses lois historiques, c'est leur caractère scientifique, c'est le fait de leur reproductibilité dans l'espace et le temps, donc d'être testables, c'est-à-dire confirmables [logiques, rationnelles] et plus encore réfutables [illogiques, irrationnelles]. Un postulat évènementiel ou factuel qui résiste à ces mises à l'épreuve sera vrai, au pire sera satisfaisant.

En prenant le fait que la *Civilisation de l'Islam Classique* a servi de fondement civilisationnel [culturel, scientifique, socioéconomique, etc.] à la société occidentale, le Rétablisme historique distingue les évènements constructifs et les acquis de provenance. Les premiers, comme le suggère leur dénomination, tendent d'une part à construire une représentation du réel observable comme celle de la situation des sociétés occidentales et les conditions d'existence des occidentaux avant l'avènement de la *Civilisation de l'Islam Classique* et d'autre part, la politique formidable d'acquisitions, de traductions et de copies en version latine et grecque des œuvres des penseurs musulmans dans tous les domaines existentiels [socio-économique, transport -navigation-, vestimentaires, alimentaires, culinaires, etc.] et en particulier celui de la

---

[11] *Historiographe*. Celui qui est chargé officiellement d'écrire l'histoire d'un souverain, d'une époque, d'une institution d'État.

pensée [sciences, littérature, arts, belles-lettres, techniques, etc.] ; les secondes, plus compromettantes dans leur visée, prennent pour principes fondamentaux des mythes - principes généraux formels- à partir desquels on retrouve, par déduction, des lois historiques et des faits [opérations, travaux, agissements, démarches, etc.] testables par comparaison et par observation en utilisant les outils de l'Histoire des Sciences, des documents ethnologiques ou anthropologiques, des matériaux archéologiques, des analyses linguistiques, des études sémantiques ou lexicologiques, etc. Tout ceci démontrant que la base fondamentale de la société occidentale est originaire de la *Civilisation de l'Islam Classique.*

De ce fait, la réalisation de ce que l'on appelle communément la « *civilisation occidentale* » satisfait une authenticité indéniable : celle de la preuve de l'origine de la *Civilisation de l'Islam Classique.*

Le Rétablisme produit une évolution intellectuelle, une refonte, des remaniements profonds des hypothèses, des concepts et des visions du monde qui se sont installés tout au long de ces derniers siècles. L'idée d'évolution apparaît lorsque l'on met en lumière l'apport de la *Civilisation de l'Islam Classique* dans un historique. Dès lors, le Rétablisme doit examiner à l'intérieur de l'histoire falsifiée l'authenticité évènementielle.

Le Rétablisme, dans une analyse de la perception historique et historiographique de masse, montre comment chacun des concepts auxquels nous recourons pour considérer le monde résultait de la présence simultanée en chaque individu, selon des proportions variables, de concepts qui façonnent l'état d'esprit, l'opinion, le jugement, les préjugés, etc.

Pour éviter le piège du préconçu, du conditionnement, de la paresse intellectuelle et de l'asphyxie de la raison, il faut que la description du monde soit reprise et replacée par une reconstruction à la fois historique et historiographique ; de sorte que soient mises exactement au jour les opérations scientifiques et symboliques au moyen desquels se reconstituent les processus des faits et des évènements.

En d'autres termes, modéliser des apparences historiques et les confronter à des hypothèses ou à des conjectures rétablistes n'est peut-être pas une opération simple mais reste toujours réalisable à une époque de circulation considérable de l'information et d'accès aux documents jadis celés. Pourtant, on convient de maintenir la dénomination d'hypothèses ou de propositions scientifiques aux conjectures qui présentent ce caractère rétabliste et qui, ainsi, sont démontrables.

Cette conception du Rétablisme dans l'histoire des idées, ne fera pas toujours l'unanimité mais une chose est sûre est que celui-ci proclame hautement qu'il s'indigne de la falsification radicale du réel !

Quoi qu'il en soit, le Rétablisme reste un instrument efficace afin de rétablir un ordre réel de l'authenticité du monde, loin du *Dogmatisme historico-historiographique*. En d'autres termes, le succès de la cause historique de la *Civilisation de l'Islam Classique* rend-il impensable une résurrection générale de la Vérité ?

La rationalité logique inspire toute l'entreprise rétabliste, mais elle n'y parvient qu'en acceptant une rupture définitive avec le Dogmatisme préétabli, une valorisation de la perception de l'Histoire et une fermeté du sentiment d'être un individu qui raisonne !

4 - Rétablisme et vraisemblance des faits

Dans ce qui précède, on a implicitement admis que pour mettre en évidence l'éventuelle fausseté d'un énoncé ou d'un fait historique, on avait la possibilité de retracer les faits et en gérer les éléments qui les établissent. En histoire, le plus souvent, les conditions dans lesquelles s'effectue la prospection de la vérité sont ardues : absence de vestiges, défaut de supports écrits, de témoignages rédigés, etc. De ce fait, un événement s'il s'est produit réellement se doit d'être déterminé minutieusement. Le Rétablisme, dans ce cas, a un double aspect, *théorique* et *pratique*.

Considérons la vraisemblance d'un fait : un premier examen dévoile diverses indications ; ces dernières, la plupart du temps, ne désignent pas d'une manière univoque telle preuve définie. Le problème de l'authenticité ou de la vraisemblance factuelle sera, par des examens complémentaires, de vérifier les diverses hypothèses et, dans la mesure du possible, de conférer à l'une d'elles sinon le statut de bien-fondé ou de vérité, du moins un haut degré de probabilité.

Lorsque sont reconstituées les circonstances d'un fait historique sur la base de traces et de témoignages fictifs, on se heurte à une difficulté : étant donné qu'on ne peut pas reproduire le passé, l'investigation ne peut remonter qu'à des causes probables ou raisonnables, d'autant plus qu'une même trace historique - une illustration sur une pièce de céramique, par exemple - peut s'interpréter de diverses manières et donc à des conclusions différentes.

Par exemple, tout vestige [vases, ustensiles, gravures, etc.] découvert lors de fouilles archéologiques en Egypte est considéré par les égyptologues comme appartenant au nécrologique. L'Egyptologie doit permettre également au Physicien, au Chimiste, à l'Anthropologue, à l'Architecte, etc. de donner leurs avis sur ces trouvailles.

Scientifiquement, il est plus difficile, en général, de remonter des effets aux causes que de pronostiquer des effets, lorsque les lois régissant les phénomènes et leurs conditions initiales sont connues. Quand un énoncé ou une proposition historique concerne le passé, s'il n'existe pas de documents, de vestiges, de monuments, de témoignages, etc. d'autres provenances, la comparaison, ne peut se faire et là, ce qui subsiste encore actuellement de ce passé restera, hélas, comme référence. Il s'ensuit que le Rétablisme ne peut placer au même niveau le statut des Sciences et celui de l'Histoire, dans la mesure où les prises de l'homme sur le passé et sur l'histoire sont plus incertaines que celles qu'il peut avoir sur des expériences scientifiques reproductibles à l'infini. Ainsi, la fabrication de l'Antiquité grecque ou classique par les Humanistes aux XVe et XVIe siècles demeure un exemple patent de l'emprise de l'homme sur l'histoire par un arsenal historiographique [peinture, sculpture, architecture, gravure, imprimé, etc.] à des fins particuliers et donc caractéristiques d'un schéma antihistorique.

La ligne de conduite des professionnels de l'Histoire est : « Il est préférable d'avoir n'importe quoi pour ériger l'Histoire fût-il faux que de ne rien avoir du tout ». Quant au Rétablisme, il lui préfère : « il vaut mieux ne rien avoir pour étayer l'Histoire que de faire usage du faux » !

5 - Conception épistémologique du Rétablisme

Le Rétablisme cerne la vérité aisément, car elle porte sur des écarts finis, sur des invraisemblances successives d'un fait, d'un événement historique. Le Rétablisme est en accord avec la conception de la vérité conforme à la pensée et du réel qui implique la comparaison de notre savoir actuel avec un réel qui, évidemment, n'est pas accessible d'un seul trait mais demande un long travail d'investigation hors des chemins battus.

Pour l'appréhender, la science est un formidable outil qui fournit des méthodes afin de comparer entre elles celles qui se rapportent à authentifier un fait ou un événement historique et celles qui le réfutent. En un mot, une opinion ou une position épistémologique et différentielle du Rétablisme n'a nul besoin, pour être opératoire, d'une conception métaphysique et complète de la vérité. Toutefois, il est incontestable que, lorsque le Rétablisme rectifie une donnée historique, nous nous rapprochons, par là même, de la vérité.

Le Rétablisme s'intéresse à tout ce qui a un rapport avec ce qui est arrivé : que ce soit une suite de faits ou d'événements, soit le récit de cette suite de faits ou d'événements. Dès lors, le Rétablisme met en lumière un récit de faits ou d'événements vrais, par opposition à une chronique ou une saga romanesque. Par cette norme d'authenticité, le Rétablisme, comme méthodologie, s'apparente en quelque sorte à la science ; elle est une action ou une dynamique de connaissance.

Bien entendu, le Rétablisme ne peut se comparer à la science, d'un point de vue fondamental comme les disciplines que sont la physique ou la biologie moléculaire. En effet, le Rétablisme est la connaissance d'événements, alors que la science est connaissance des lois qui régissent les faits.

a - Rétablisme : activité intellectualiste

Le Rétablisme s'intéresse à la connaissance aussi bien à la singularité des événements, qu'à leur spécificité, c'est à dire de ce qu'ils offrent d'intelligible. Un Rétabliste se doit d'être désintéressé, par opposition à un conteur d'historiettes, à un propagandiste ou à un historien du fonctionnariat ou nationaliste. Le caractère strictement intellectualiste de la connaissance historique est pour le Rétablisme une entreprise mue par l'amour de la vérité et par une curiosité pure et simple de vérifier l'authenticité d'un fait ou d'un événement historique établi comme un dogme.

Rien de ce qui est historique n'est étranger au Rétabliste. Il faut le rappeler fortement : la vision que nous avons du passé est rarement présentée par l'histoire et l'historiographie. En corrigeant cela par le Rétablisme, nous y projetons notre dignité, ce qui commande le respect d'autrui. À vrai dire, c'est là un genre d'affirmations objectives de l'authentique connaissance historique.

C'est ne rien comprendre à l'*historiographie dogmatique*, et à l'*Histoire orthodoxe* en général, que de ne pas voir qu'elles sont souvent une somme de normes de traditions populaires qui fixe une dimension sociale : souvenirs nationaux et dynastiques, mythes collectifs, folklores, légendes, etc. Assimiler des récits nationaux ou ethniques fabriqués ou préfabriqués à l'Histoire scientifique, c'est confondre l'essence d'une chose avec son origine. En quelque sorte, c'est ne plus distinguer la médecine du charlatanisme, la chimie de la magie.

Le Rétabliste en quête de connaissance désintéressée de la pure vérité se focalise dans sa vision du monde à la réfutation des mythes collectifs fondateurs de l'histoire contemporaine. Le Rétablisme n'a pas le droit d'ignorer que les fondations sur laquelle repose l'Histoire contemporaine depuis des siècles repose sur des connaissances peu objective. La culture de la *Civilisation de l'Islam Classique* qui est une projection du passé et du présent de l'Occident est érigée par lui en une historiographie européocentriste anti-intellectualiste.

b - Sociologie du Rétablisme

L'objet même du Rétablisme, l'*Histoire*, est intimement lié au rapport entre savoir et société. C'est pourquoi, cette problématique est axée sur l'observation de l'opinion et des croyances populaires ; telle la diffusion du savoir historique dans le public, par exemple.

À vrai dire, le Rétablisme est un passage, un « *rétablissement* » de l'explication historique qui consiste dans une émancipation de la conscience collective de l'historiographie dogmatique ou « *orthodoxe* » ou *officielle*. Ainsi, ce sont bien les implications sociologiques qui seraient responsables d'une déviation de la pensée se perdant dans de fausses explications mythiques, inventant les causes au lieu de les rechercher, alors que seule la pensée rétabliste vraiment délivrée de l'endoctrinement, du formatage dirons-nous, institutionnel ou social peut atteindre la vérité.

Le Rétablisme montre que les premières étapes de la pensée rationnelle produisent des notions, des attitudes qui signifient que tout savoir n'est pas forcément vrai du seul fait qu'il est d'origine sociale. Le Rétablisme montre que la société introduit des éléments subjectifs dans ses constructions historiques. Mais ce relativisme va en s'atténuant au fur et à mesure que la conscience collective s'instruit du Rétablisme. À la limite, la société rétabliste, en devenant proprement consciente et rationnelle, conduit, de ce fait à un Rétablisme véritablement objectif. Finalement, le progrès du Rétablisme lié à celui de la société fonde la validité de plus en plus grande du savoir pour le bien-être de la Civilisation humaine.

Cependant, il faut retenir quelques enseignements. D'une part, en effet, le Rétablisme a bien montré que les formes et les genres des faits et des évènements historiques varient considérablement suivant les sociétés. C'est là que se manifeste avec le plus d'évidence l'importance de la variable sociologique : à chaque type de société, un type de méthode rétabliste ; cela conduirait à un pluralisme assez large au bénéfice de l'Histoire. La nature même du rapport entre Rétablisme et cadre social peut varier, suivant que les individus qui la composent sont cultivés et qu'ils ont conscience d'être manipulés.

• *Rétablisme et diffusion du savoir*

Le Rétablisme insiste sur l'importance de la communication dans le développement de la pensée et finalement sur le fait que le progrès du savoir ne peut se concevoir qu'à travers la vérité et la diffusion authentique de celles-ci. L'ambition du Rétablisme se trouve avant-gardiste, en même temps que s'ouvrent devant lui de vastes et nombreux terrains d'enquêtes empiriques. Deux directions principales sont d'ailleurs à retenir d'une part, il s'agit du *Rétablisme de l'éducation*, plus particulièrement celle de l'enseignement de l'Histoire, qui s'efforcera de reconsidérer les fonctions des historiens et les effets de l'historiographie officielle de l'école et de l'université.

D'autre part, le *Rétablisme de la communication* est préoccupé des effets des moyens de diffusion audio-visuels de l'historiographie dogmatique. Le Rétablisme va jusqu'à soutenir que tout le système culturel de notre civilisation doit être remis en question : effets dévastateurs de la culture de masse qui n'est rien d'autre que de l'intoxication médiatique, donc de l'acculturation. Ces modifications qui se produisent dans tous les groupes culturels [concernant la manière d'agir, de percevoir, de juger, de travailler, de penser, de parler, etc.] par suite du contact permanent avec un arsenal de moyens de communications [télévision, radio, cinéma, Internet, livres, magazines, journaux, etc.] appartenant à un consortium politico-financier qui a de vrais projets pour l'Humanité.

Le Rétablisme s'affranchit des présuppositions philosophiques et des ambitions épistémologiques incontrôlées ou pilotées en s'orientant vers la recherche des corrélations fonctionnelles entre divers types de distributions de la vérité, de la connaissance authentique définis de façon adéquate. Maintes perspectives restent ouvertes.

Le Rétablisme figure au niveau de l'esprit pragmatique, il transporte l'entendement, tandis que celui-ci éclaire la Vérité. Mais l'idée du Rétablisme puise son véritable épanouissement dans la mise en place dans les choses de l'existence. De l'arbitraire, l'homme passe au raisonnable, à l'universalité. Cette avancée vers le concret, c'est-à-dire vers l'accomplissement de la liberté dans un monde qui, s'il était pensé, serait le monde de l'autonomie, du droit.

La Tradition est le dépositaire des expressions les plus inappropriées, provenant de la coutume par une sorte de sélection naturelle. Ces expressions soutiennent des buts lointains, utopiques qui se bornent à l'explicitation d'énoncés invérifiables et d'expériences particulières, donc chimériques. En outre, la Tradition est un langage ordinaire qui maintient l'existence dans la naïveté ou l'ignorance car elle n'a pas été reformulée en fonction des exigences et des modèles de la Science.

Les contributions du *Rétablisme théologique* portent sur les actes de discours traditionnistes [intentions et actions] dans laquelle s'articule l'argumentation. La soumission de l'action à des normes traditionnistes donne un caractère insensé à l'action humaine ; insertion de l'action dans des rituels de toutes sortes, que ce soient les structures sociales, économiques ou culturelles dans lesquelles l'action place la valeur de chaque individu en face du pouvoir traditionniste organisé au niveau d'une constitution tacite.

Une théologie de la réalité suppose le surgissement d'un questionnement ontologique d'un autre ordre que celui de l'habitude ou de la coutume. Cette problématique concrète réalise la *liberté* de l'individu et son épanouissement général. C'est cette problématique qui met chaque humain en rapport avec un autre, avec des normes, avec des institutions. Finalement, c'est cette problématique qui renvoie au Rétablisme théologique.

III - Rétablisme d'ordre théologique

Au sens moderne le *Rétablisme théologique* est la présentation scientifique des thèmes théologiques, donc de caractériser sans ambiguïté les expressions et les règles de démonstrations recevables. En aucun cas, il s'agit de considérer que l'importance scientifique du Rétablisme se réduise à une question de formulation. Le Rétablisme théologique est lié au développement de l'axiomatique et à l'étude des espèces de structures concrètes généralement multivalentes de l'Univers, qui sont présentes dans les sphères les plus diverses de la nature. En d'autres termes, la connaissance de Dieu se trouve sur l'écran principal, par exemple, d'un *microscope électronique de super-résolution*[12], lorsqu'on observe un tissu ou une cellule humaine ou encore sur l'oculaire d'un télescope lorsqu'on étudie une constellation. En ce sens, le travail rétabliste se déroule à l'intérieur d'un langage formalisé, on peut dire qu'il met en évidence le caractère formel de la connaissance théologique.

A - L'idée de connaissance rétabliste formelle de la théologie

L'idée d'une connaissance rétabliste formelle de la théologie est en un sens aussi élémentaire que la réflexion sur la science. Le point de vue qui s'exprime dans l'idée du Rétablisme théologique formel réduit par là le sens des concepts traditionnistes aux règles de leur

---

[12] *Microscope électronique de super-résolution.* Le très haut niveau de technicité du microscope de super-résolution permet la visualisation à l'échelle nanométrique [voire pseudo-atomique] des complexes macromoléculaires biologiques et l'obtention de leur structure tridimensionnelle telle que les complexes protéiques cellulaires et viraux, ribosomes, virus enveloppés, etc.] ; ainsi que la visualisation d'objets biologiques comme les mitochondries, les coupes cellulaires, les virus irréguliers, etc., par tomographie électronique. Cette technique d'imagerie souscrit à la reconstruction du volume d'un objet unique à partir d'une série de mesures effectuées sur celui-ci selon des angles différents à l'instar du scanner médical mais à l'échelle moléculaire.

usage, et le distingue simplement d'une interprétation ou d'une représentation, réduites au statut d'us et coutumes. Dans cette étude sur le *Rétablisme théologique*, la *Tradition*[13] dite improprement

---

[13] *Hadith*. Désigne une communication orale, des paroles censées avoir été proférées, ainsi que des actions prétendument avoir été effectuées par Mohammed le transmetteur du Message de l'Islam. Au Xe-XIe, ces présumés dires ont été compilés sous forme de recueils [Bokhari & Muslim, An-Nawawi, etc.] et ce fût l'occasion pour chaque génération de *saint*, de *« guide » spirituel*, de *chef religieux*, d'*Imam* ou de *Traditionniste* [ou de *Hadithiste*] de le compléter par des rajouts. A l'instar du *Talmud* ces recueils comprennent ainsi l'ensemble de ce que l'on appelle la *Tradition* qui se veulent être relatives aux actes et aux paroles de Mohammed et de ses compagnons. Cette Tradition fût imposée au XIVe siècle par les autorités temporelles [*Khalifes, Vizirs, Sultans*, etc.] et spirituelles [*Imams, Muftis, Oulémas*, etc.] sous peine, d'une part, de malédiction divine et, d'autre part, de sanctions, en cas de désobéissance, comme des principes de gouvernance personnelle et collective pour les musulmans. Les hadiths auraient été rapportés par des dizaines de milliers de compagnons [Ismail Ibn-Kathir, « As-Sîra ». Edit. Universel, 2007, p.927]. Les hadiths forment ce qui est appelée improprement la *Sunna*. Certains auteurs en ont recensé plus de 700 000 hadiths. Toutes ces citations ou dictons ou encore historiettes institutionnalisées [*Hadiths*], imposées et diffusées dans tout l'Empire musulman ont été la cause principale de la ruine [intellectuelle, culturelle, sociale, spirituelle, etc.] des Musulmans.
Selon les Rabbins, Moïse a reçu deux révélations de l'*Eternel*. L'une, écrite, la *Thora*, reste trop complexe, trop ésotérique pour le Juif ou le commun des mortels. Alors l'*Eternel* a révélé son explication ou exégèse sous forme d'une compilation ; il s'agit du *Talmud*. Cours d'instruction religieuse, celui-ci est institutionnalisé, étudié et transmis de Rabbin à Rabbin selon une chaîne ininterrompue. Le *Talmud* est la *Loi orale* [ou *Thora orale*]. Il s'agit de l'ensemble des recueils qui en renferment la substance, en particulier le code constitué de la *Michna* [*palestinien ou babylonien* - *« Hadiths »*] et de son exégèse ou commentaire [palestinien ou babylonien] la *Guemara* [*« Sunna » ou actes*]. Selon les *Traditionnistes* [*Oulémas, Shaykhs, Muftis, Imams*] Moūhammad a reçu deux révélations de Dieu. L'une, écrite, le *Coran* [Qour'án] reste trop complexe, trop ésotérique pour le Musulman ou le commun des mortels. Alors Dieu a révélé son explication ou exégèse sous forme d'une compilation ; il s'agit du recueil des *Hadiths* ou *Tradition* [« *Michna* »]. Cours d'instruction religieuse, celle-ci est institutionnalisée, étudiée et transmise de Traditionniste à Traditionniste selon une chaîne ininterrompue.
La *Tradition* est la Loi orale [ou « *Coran*» oral]. Selon les *Traditionnistes*, il s'agit de l'ensemble des recueils qui en renferment la substance, en particulier le code constitué, toujours d'après les Traditionnistes, du Coran et de son exégèse ou commentaire [Mecquois ou Médinois] : le *Tâfsir*. Le principe fondamental du contenu du Coran, ignoré ou déconsidéré des Traditionnistes, est : « *Être au service de l'Humanité* ». C'est ce que les hommes illustres, les musulmans du VIIIe au XIIIe siècle ont compris et diffusé. Ces hommes étaient *au Service de l'Humanité*. Véritables flambeaux éclairant le monde, ils ont crée la *Civilisation de l'Islam Classique* [CIC] pour le bien-être, non pas seulement des musulmans, mais de toute l'Humanité. Cette période du VIIIe au XIIIe

siècle était sous le règne du Coran qui inspirait les hommes à être meilleurs et qui leur a permis de sortir l'Humanité des ténèbres de l'ignorance vers la lumière de la Science créant ainsi le progrès dans le domaine scientifique, technique, socioéconomique, culturel, etc. afin que les hommes puissent se consacrer au Message de l'Islam : « *Être au service de l'Humanité* » qui est la forme d'adoration par excellence que Dieu agrée et recommande par-dessus tout. Le reste n'est que simple rituel : *prière, jeûne, pèlerinage, Zakat*. Que valent les cinq « *piliers rituels* » ? De simples accessoires, si on n'est pas au *Service de l'Humanité* [bonté, générosité, altruisme, respect, etc.] qui en est le fondement par excellence, c'est que l'on méprise cette *Humanité* là. La période du VIIIe-XIIIe siècle, c'est l'*Avènement de l'Islam. Et que de grands noms en sont issus* ! Puis du XIIIe siècle jusqu'à nos jours, le XXIe siècle, c'est l'avènement de la *Tradition*, du *Talmud* des *Antésulmans*. Il s'agit du règne des *Hadiths* ou *Tradition*. L'Islam est abandonné et le Coran est écarté. La *Tradition* devient la source religieuse, la ligne de conduite mentale, le principe essentiel régissant la pensée. Ainsi, l'*Ordre* des Traditionnistes, à l'instar de celui des Ordres initiatiques de type maçonnique, à l'ombre des Khalifes, des Sultans et des Vizirs gouverne les musulmans et leur société. L'histoire en témoigne de cet état de ruine des sociétés dites *musulmanes*. Les « *Shaykhs* », les « *Muftis* », les « *Imams* », les « *Ulémas* », etc. qui gesticulent dans divers supports médiatiques sont des *Traditionnistes*, c'est à dire des professionnels de la Tradition [Hadiths] qui est le prototype du *Talmud*. Tout comme les Juifs qui se basent non pas sur la *Thora* mais sur le Talmud, les Traditionnistes ne se basent pratiquement que sur la Tradition [Hadiths]. Voilà la problématique qui se pose à l'aube de ce XXIe siècle. Ces *Shaykhs*, ces *Muftis*, ces *Oulémas* et ces *Imams* véhiculent toujours le même slogan : « *Les musulmans ne comprennent rien à l'Islam et ne le pratiquent pas* ». En réalité, ni eux ni ceux qui se disent « *musulmans* » ne comprennent l'Islam et le contenu coranique, car le recueil de la *Tradition* ce *Talmud* antésulman formate l'esprit de quiconque s'en approche. Dieu s'adresse aux Traditionnistes ou *Gardiens de la Tradition* : « *Ceux qui ont été chargés de la Tawrāt [Torah] mais qui ne l'ont pas appliquée sont comparables à l'âne qui porte des livres. Quel mauvais exemple que celui de ceux qui traitent de mensonges les versets d'Allah. Et Allah ne guide pas les gens Zhālimoūn [injustes, rebelles]. (Qour'ān, 62-5)* Les « *Chaykhs [ou Shaykhs]* », les « *Muftis* », les « *Imams* », les « *Oulémas* » sont arabophones et certains apprennent le Coran par cœur mais cela est sans intérêt car ils sont incapables d'en saisir le contenu, de l'appliquer et de se mettre au « *Service de l'Humanité* ». Ce verset coranique s'adresse et décrit à merveille aussi bien les *Antésulmans* dispensateurs de la *Tradition* [« *Hadiths* »] comme les *Chaykhs, les Muftis, les Ulémas, les Imams*, etc., que le commun des Antésulmans qui suit leur doctrine et leurs recommandations. Ce verset s'adressait aux Juifs dira-t-on ? Peut-être, mais il caractérise si bien les Antésulmans car il n'enlève en rien à la description de ces derniers qui ont suivis à la trace l'égarement des Juifs. En effet, afin de bien saisir toute l'ampleur de l'enseignement de ce verset, il est utile de le « *réactualiser* » pour un but didactique de la manière suivante : « *Ceux qui ont été chargés du Coran [Coran] mais qui ne l'ont pas appliquée [car ils suivent la Tradition, c'est à dire les Hadiths] sont comparables à l'âne qui porte des livres [en effet, l'âne ne peut saisir le contenu des livres, il ne supporte que leurs poids]. Quel mauvais exemple que celui de ceux qui traitent de mensonges les versets d'Allah. Et Allah ne guide pas les gens Zhālimoūn [injustes, rebelles] [en les avilissant et en les plongeant dans la dégénérescence et le délabrement].*

« *islamique* » est un excellent modèle d'analyse et d'observation donc d'exemplification et de réflexion [de même que le *Talmud*[14] ou les *Evangiles* [15] -et l'*hagiologie* [16] *chrétienne*-]. Ainsi, le Rétablisme [théologique] apparaît comme capacité de créer des objets raisonnables, des explications, en définissant leur structure théologique selon une critique scientifique : le discernement des variables théologiques hors de la sphère de la spéculation extravagante et remplaçant de facto l'illogique par la logique, l'inintelligible par l'intelligible, l'irrationnel par le rationnel, bref l'irréel par le réel.

1 - Rétablisme et libération théologique

Suspecté et critiqué par le mouvement de pensée rétabliste qui se développe, à partir d'une réflexion profonde sur les objets et les méthodes historiques et historiographiques monolithiques et monoscriptes.

L'originalité du Rétablisme d'ordre théologique est de promouvoir un intérêt sincère pour la question de la vérité métaphysique. Il s'emploie donc à mettre en lumière et à repenser les impératifs d'ordre théologique, culturel, social et même politique face à l'oppression de la *Tradition*.

Mais la variété des situations et des problèmes perpétrés par la Tradition se caractérise à la fois par sa tonalité abrutissante et par un intense souci d'immobilisme cultivés comme doctrine de la foi.

---

[14] *Talmud.* Loi orale [ou *Thora* orale]. Il s'agit de l'ensemble des recueils qui en renferment la substance, en particulier le code constitué de la *Michna* et de son commentaire [palestinien ou babylonien] la *Guemara.*

[15] *Evangiles.* Qui signifie « *Bonne Nouvelle* ». Il s'agit de l'annonce du salut du monde offert en Jésus-Christ. Par extension, c'est la vie et enseignement du Christ par les Apôtres, fondement de la foi chrétienne.

[16] *Hagiologie.* Recueil ou ensemble de recueils traitant des saints et des choses saintes.

Le Rétablisme théologique met l'accent sur les problèmes culturels, en particulier sur celui de l'incroyance contemporaine ou l'extrémisme religieux et d'être attentif aux questions culturelles, socioéconomiques et politiques qui en sont à l'origine. Le Rétablisme théologique prône une logique de l'action d'abord intellectuelle, une *praxéologie*[17] émancipatrice qui va bien au-delà de la défense de la personne et les droits de l'homme [notion en somme toute théorique]. Le Rétablisme situe néanmoins son discours sur les objets spécifiques théologiques : Dieu, l'Univers, l'individu, la certitude, la vie spirituelle, etc., auxquels il accorde une pertinence décisive. La Tradition, quant à elle, reprend dans la perspective d'une doctrine de salut ses discours archaïques et désuets, inattentifs aux conditions concrètes, historiques et politiques de l'individu d'aujourd'hui.

La Tradition exhorte son objet de la foi, un Dieu mystérieux tout-puissant en dehors de l'histoire et en dehors de l'Humanité !

Le thème central pour le Rétablisme théologique est la liberté et la justesse de l'agir à la lumière de la Connaissance dont la Science est le vecteur principal et prend le pas sur l'orthodoxie traditionniste, c'est-à-dire la juste pensée sur l'absurde, l'aberration. Par l'ensemble de son approche novatrice des objets de la *certitude*[18], le Rétablisme se définit comme savoir appliqué et résolument *pratique*, en ce sens qu'il part de l'analyse des réalités et de l'action à l'intérieur desquelles il s'inscrit. Dès lors, il rencontre la science pratique, se proposant de vivre le monde plutôt que de le rêver. A ce propos, la Tradition n'a pas la même position à ce sujet ; elle qui se réfère à tel ou tel élément

---

[17] *Praxéologie*. Science ou théorie de l'action ; connaissance des lois de l'action humaine conduisant à des conclusions opératoires [recherche opérationnelle, cybernétique, etc.].

[18] Le terme « *foi* » est impropre et un non-sens, on lui préfère le terme « *certitude* » beaucoup plus adéquat et qui correspond à l'approche scientifique. En effet, en Science, c'est la certitude qui valide une observation, une analyse, une expérimentation.

théorique de sa doctrine, à tel ou tel instrument rituel de son arsenal « *religieux* ».

La Tradition [et les courants sectaires « *religieux* » et philosophiques] met en garde ses adeptes et tous ceux qui n'adhèrent pas à sa doctrine et susceptibles d'interprétations différentes de la déité officielle. Certaines personnes ont compris que pour approfondir leur réflexion sur le problème posé par le mouvement rétabliste, ils doivent conduire leur propre croisade [intellectuelle, rationnelle, morale, émotionnelle, comportementale, etc.] pour y voir la pure et simple condamnation d'une Tradition pernicieuse.

a - La Tradition : une rébellion contre la raison

Le Tradition désigne un phénomène de l'histoire de l'Humanité ô combien préjudiciable ! L'obsession du pouvoir qui a abouti à sa création a dépassé le cadre strictement « *religieux* » pour investir la sphère privée, socioéconomique, politique, culturelle qui a changé la face des sociétés humaines à leur désavantage. Étant donné que la Tradition implique un rapport de force avec la *suprathéologie*, son terrain d'origine est, bien entendu, celui des conflits avec la Science et son discernement. Que de courants doctrinaux différents engendrés par l'enseignement qu'elle établit et qu'elle impose. Les autorités traditionnistes l'ont employées pour exclure les penseurs éclairés en les accusant d'apostasie et d'imposture. Le grief de la Tradition déchaînait des mesures d'intolérance, d'interdiction, d'exclusion, d'élimination, au terme d'opérations et de procédures diverses pseudo-religieuses selon les époques et les lieux.

Le Rétablisme théologique dévoile le sens défavorable de la Tradition dans le langage cognitif car cette dernière conserve la trace des coutumes de l'ignorance et répond à la forme la plus aiguë de mépris intellectuel. Dans l'histoire des religions, la Tradition est appliquée par analogie à l'époque primitive de l'Humanité !

La Traditions a joué un rôle considérable dans la destruction qui déboucha sur la ruine irrémédiable, par exemple, de la *Civilisation de l'Islam Classique*. En un temps où toute la société musulmane était marquée par la *suprathéologie*, les messages ou propositions doctrinales révélaient les aspirations les plus fondamentales de l'Humanité et elles avaient ainsi, inéluctablement, des conséquences culturelles, scientifiques, socioéconomiques et, naturellement politiques.

Sans reprendre un schéma simpliste qui amenuiserait toutes les métamorphoses néfastes engendrées par la Tradition et mis au crédit de facteurs sociaux, le Rétablisme démontre leur influence pour comprendre sa puissance et leurs effets. Dès le XIe-XIIe siècle, la crise traditionniste, qui secoua l'Empire musulman, avait tous les traits d'un mouvement « *socioreligieux* » corrosif et dictatorial.

La plupart des courants traditionnistes sont d'origine populaire et ont à leur racine, l'expression d'un ressentiment social organisé, alimenté et diffusé par le sectarisme des tenants de la Tradition !

La Tradition et bon nombre de ses mouvements sectaires veulent réformer la Théologie et le monde dans le sens de l'abrutissement de masse, la pauvreté, l'intolérance et la violence en produisant des utopies qui mobilisent les énergies des fidèles. Aucun idéal à défendre, aucune cause à faire triompher, les projets civilisationnels inexistants, l'action principale de la Tradition officieuse [ou officielle] est souvent violente ; la futilité, la ritualisation des faits et gestes de l'individu, l'apologie des *Pères de la Tradition* et leur sacralisation, l'instrumentalisation de la peur des populations sont les moyens qu'elle utilise pour combattre ses adversaires : la *Connaissance* et la *Civilisation*. Il suffit de citer la douloureuse *Reconquista espagnole* et la funeste prise du pouvoir *khalifal* organisé par les sinistres Ottomans et de rappeler la colonisation généralisée des territoires musulmans, en cette affaire, pour rappeler de l'implication de la Tradition et des intérêts qu'elle a su en tirer.

Réalité multiforme, la Tradition a été, tour à tour ou tout à la fois, contestation, innovation ou réaction pseudo-religieuse, création d'une croyance nouvelle *antithéologique* ; elle use et abuse de pseudo-revendication sociale, de pseudo-dissidence ethnique, de pseudo-résistance nationaliste. Sa seule préoccupation : l'attrait du pouvoir, la soumission des populations à sa doctrine et à ses rites, la déculturation globale et, enfin, l'abolition des droits les plus élémentaires de l'individu [liberté de pensée, de circulation, etc.]. Le Rétablisme théologique met en lumière les conflits de la Tradition dont elle a été l'instigatrice et qui ont donné tellement de prétextes de sa part pour semer le désordre et la fureur tout au long des ses siècles de l'histoire humaine [et qu'elle continue encore d'occasionner]. La Tradition a produit également des systèmes conceptuels et rituels parmi les plus vicieux ou les plus nuisibles à l'esprit humain, ainsi que des spéculations prétendument religieuses qui ne cessent de dominer et de diriger l'existence d'innombrables populations jusqu'à aujourd'hui.

La Tradition n'a pas été sans effet non plus dans le domaine culturel, de l'esthétique et de la sensibilité humaine dont elle n'a que faire !

2 - Axiomatique du Rétablisme théologique

L'évolution de la compréhension théologique converge avec le développement de l'axiomatique, principalement issue de la réflexion ontologique de l'humanité. Tout ce que le Rétablisme requiert pour s'autoriser à considérer le domaine d'objets théologiques, c'est la non-contradiction logique des relations qui le définissent en quelque sorte implicitement.

De la même façon, le Rétablisme montre que le sens des propositions théologiques n'est aucunement en contradiction avec la cohérence du système d'axiomes de l'Univers. Ici, on comprend mieux encore pourquoi le Rétablisme n'est pas simplement un moyen d'expression pratique, mais tend à devenir l'objet même de la recherche métaphysique et d'une véritable expérimentation critique !

Le projet rétabliste du raisonnement métaphysique et la construction d'une écriture théologique n'est pas à l'opposé de la logique, bien au contraire. Par le terme logique, il s'agit d'un ensemble de notions considérées comme des termes universels intelligibles à priori de la pensée rationnelle et inséparables de leur sens. Tels sont, par exemple, les concepts de divins, de lois physiques, d'immanence, de rationalité, d'évidence, de preuves, etc., c'est-à-dire de sens. Selon le Rétablisme, le problème fondamental de l'approche théologique [le problème de ses fondements] est de construire une définition logique explicite du divin qui mette en évidence son contenu de signification purement logique.

L'exemple de la cellule observée au microscope électronique ou la constellation examinée par un télescope éclaire de manière évidente le problème fondamental de la compréhension du divin, dès lors que les méthodes d'investigations sortent de l'émotionnel, de l'imagination, du rêve et permettent ainsi de ramener Dieu dans le réel. De ce fait, toutes les notions de son accès par les formes classiques ou dogmatiques, donc de la Tradition, équivalent à une incompréhension, à un égarement voire à l'ignorance.

La construction de systèmes intelligibles ou de discernement théologique, dont on a vu qu'on peut chercher l'origine historique dans les sciences humaines, détermine ainsi une réflexion logique du plus grand intérêt épistémologique. Avec le Rétablisme, les notions logiques qui sont pratiquées implicitement et explicitement dans le travail théologique correspondent initialement à l'objectif de fonder la métaphysique, ce qui est très clair dans la perspective *logiciste*[19]. Elles répondent à l'idée d'une modification de l'objet de la logique

---

[19] *Logiciste*. Attitude de l'esprit qui consiste à privilégier les lois de la logique au point de les appliquer à des domaines étrangers à la logique. Tentative qui consiste à opposer les méthodes de la logique et les méthodes de la psychologie.

théologique comme discernement. Dès lors, la rupture est profonde avec une représentation de la Tradition parce que le Rétablisme exclut, au moins au niveau *opératoire*[20], la référence imaginaire, fantasmagorie, conte fabuleux au profit de l'évidence des notions logiques, scientifiques dirons-nous, qui jouissent de plus de pouvoirs d'intellection à cet égard.

Le Rétablisme atteste que la seule manière d'appréhender la théologie ou exégèse est d'user de la lumière de la Science !

Un système scientifique formel simple peut servir à révéler la logique des propositions théologiques. L'ensemble des opérations logiques qu'il réalise conduit à la notion de certitude métaphysique. L'introduction d'axiomes spécifiques des lois de la physique mettent ainsi clairement en évidence que l'ensemble des concepts, des vérités dans une démonstration métaphysique est logique et donc authentique !

On peut dire aussi que le Rétablisme installe cette unification qui illustre le véritable rapport historique de la logique et de la théologie hors de la sphère de la Tradition qui la contamine. La logique du Rétablisme souscrit aux progrès et à la compréhension d'un fait ou d'un événement tant historique que théologique ou *historico-théologique* qu'il surplomberait du haut de sa validité universelle, de son évidence à priori. Le Rétablisme théologique est un aspect du travail scientifique qui en est entièrement solidaire.

3 - Notion logico-théologique du Rétablisme

Cela ne signifie pas qu'il n'y ait aucun moyen de discerner rigoureusement entre axiomes logiques et propositions théologiques.

---

[20] *Opératoire.* Qui concerne une opération méthodiquement ordonnée; qui peut servir dans une opération logiquement conduite.

Ce discernement est une question d'interprétation d'un *système*[21] intellectuel, c'est-à-dire de construction d'un raisonnement ou modèle, ensemble d'objets théologiques qui peuvent être mis en corrélation avec les paramètres ou les éléments du système scientifique. En fait, l'objet de la logique théorique théologique se trouve ainsi complètement déplacé de l'abstraction et situé sur un plan systémique [qui concerne un système ou qui agit sur un système], par un mouvement que le Rétablisme nomme *systémation*, posant comme nouvel objet la notion de cohérence ou logique dans lequel on exprime la connaissance théologique. Le concept de logico-théologique s'identifie dans ses problèmes, sinon dans ses objectifs, avec ce que le Rétablisme appelle la *suprathéologie* c'est-à-dire : « *la théologie qui se situe dans un champ de compréhension des sciences de la physique, par physique, on entend les lois de la nature telles que la science actuelle connaît ou qu'elle découvrira peut-être un jour* ». Quoi qu'il en soit, la *suprathéologie*, peut nous fournir la connaissance scientifique formalisée de ces objets ignorés que sont les faits et évènements théologiques qui jadis étaient sous la férule des théologiens tourmentés par l'ignorance, obnubilés par l'irrationnel, le féérique, le fantasmagorique indiscernable.

Parmi les résultats les plus remarquables, et qui illustrent le mieux le caractère absurde du discours théologique classique ou de la Tradition, figurent les thèmes absurdes dits *d'abrutissement formel*. Le plus célèbre est celui de ramener la connaissance du divin à des personnages archaïques prétendument ayant eu un savoir infus, car selon eux, ils étaient à proximité lors de l'arrivée de la Révélation ou Message divin [Apôtres, Compagnons, Disciples]. Le Rétablisme énonce l'absurdité formalisée, c'est-à-dire l'engagement des Traditionnistes à construire une interprétation du système

---

[21] *Système*. Construction de l'esprit, ensemble de propositions, de principes et de conclusions, qui forment un corps de doctrine ; construction théorique cohérente, qui rend compte d'un vaste ensemble de phénomènes.

théologique formel originel dans laquelle figure la proposition d'un système d'abrutissement formel pseudothéologique qui est représenté par la Tradition. Cette dernière est une expression formellement indémontrable par la Science [lois de la nature ou de la biophysique]. Bien entendu, la construction d'un tel enseignement exclut la possibilité d'une formule démontrable qui concorderait dans une interprétation quelconque à une proposition authentique, réelle. C'est même une condition *sine qua non* qui fait que la Tradition est une somme d'absurdités et de non-sens qui appartient à une ère préscientifique, donc mythique, superstitieuse, légendaire, magique, bref irrationnelle.

La tentative de représenter la vérité des propositions théologiques par l'absurdité formelle n'a plus alors aucun sens cohérent !

En quel sens avons-nous affaire ici ? A un abrutissement formel ? Le Rétablisme théologique montre que la notion sémantique de vérité [qui n'a de sens que pour une interprétation du système théologique formel originel] insiste sur la notion purement logique ou scientifique de démonstrabilité. Et comme l'interprétation d'un système théologique formel originel est réglée par les propriétés logiques du système lui-même, cela signifie que la logique du système autorise la définition d'une notion de vérité qu'elle est apte à caractériser exactement [selon le degré du progrès de la Science]. Dans une perspective idéaliste, ce travail rétabliste se ressent comme une victoire de la pensée scientifico-théologique où la Science explique la Théologie, une sorte de symbiose intellectuelle : la physique soutient ou consolide la métaphysique et vice versa !

Le Rétablisme permet d'étayer sur le développement même de la logique théologique une sagesse de la finitude de la connaissance humaine débarrassée du joug infâmant de la Tradition !

Comment saisir la divinité si l'esprit est figé dans la stupidité ?

4 - *Rétablisme et connaissance théologique*

Le Rétablisme met en évidence la réalisation par la théologie d'une idée de la connaissance formelle. Mouvement caractéristique du travail scientifique, le Rétablisme porte ici sur un problème plus traditionnellement investi par la philosophie.

Si les *Traditionnistes* ou *Gardiens de la Tradition* en viennent historiquement à se définir comme détenteurs d'une connaissance formelle, le Rétablisme réfute évidemment que ces derniers puissent disposer d'une telle connaissance.

La question se pose par référence à la Science où la Tradition [théologie classique] n'est couramment considérée que comme un discours sans consistance argumentative, appliqué à la construction de modèles utopiques de la réalité matérielle et adaptés à un public ignorant ou crédule.

Le Rétablisme pose en fait à l'épistémologie de la Tradition la question de son articulation avec la science [expérimentale] et à démontrer le rôle constitutif, générateur d'ignorance nouvelle.

C'est pourquoi l'illogisme de la Tradition se doit d'être examiné par les techniques rigoureuses des concepts scientifiques et par la combinaison d'observables empiriques. Dès lors, ses investigations suprathéologiques sont à même d'effectuer une déconstruction systématique afin d'anéantir ce dogmatisme archaïque et toujours vivace : la *Tradition*.

La raison et le bon sens rétablistes dévoilent dans les contradictions de l'usage de la Tradition, dans la multiplicité de ses rituels et les portées nocives de son langage aux pratiques aberrantes, la condition même de sa stupidité. Dès lors, le Rétablisme ne vaut pas seulement par l'assurance de cohérence qu'il procure, mais aussi par les doutes internes qu'il suscite dans la conscience de l'individu. On verra donc dans le Rétablisme une réflexion, une perspicacité ou plutôt une lucidité d'esprit apte à affronter en fonction du développement de la Connaissance acquise les démons de la Tradition.

Le Rétablisme prend en considération le contenu de la Tradition en le confrontant à l'argumentation scientifique, ce qui exclue de facto toute position fallacieuse de cette dernière. Face à l'incertitude des désignations dogmatiques de la Tradition, le Rétablisme témoigne de l'étendue des erreurs, des désordres qu'elle occasionne et qui recouvre un large ensemble de domaines existentiels tout en se voulant « *à l'écoute* » et « *proche* » de l'individu pour le « *salut* » de son âme.

Le Rétablisme examine la vérité et la fausseté des propositions de la Tradition dans leur rapport à la compréhension du divin. En d'autres termes, le Rétablisme présente, de façon non ambiguë, les contenus sémantiques [temporalité ou modalités] intelligibles en ce qui concerne la croyance et le savoir.

Le Rétablisme s'intéresse à l'histoire de la Théologie qui se confond avec la Tradition. Jusqu'à présent, régnait en effet l'idée que la Tradition est indissociable de la croyance religieuse [ou Théologie] et son histoire, étant, pour l'essentiel, close et achevée. Le renouveau de la Tradition à l'époque contemporaine a permis de la replacer dans une perspective historique de signification d'utilité et de portée salutaire pour les adeptes ; et qu'elle leur offre la perspective d'une évolution dans la compréhension du divin, de la victoire du spirituel sur le matériel ; de *l'idéation de la Métaphysique sur la systématisation de la Physique.*

5 - *Rétablisme analytique*

La perception de l'Univers du Rétablisme est englobée de science dont le but est d'explorer toutes les activités mises en œuvre dans la construction, le développement et la diffusion de la Tradition ou de courants religieux.

Le Rétablisme d'ordre théologique expose dans ses grandes lignes la présentation du *savoir* à l'intérieur de la Tradition et des courants religieux [sectaires, ordres, etc.]. Mais, tout d'abord, le Rétablisme transforme la conception traditionniste des objets pseudo-religieux [rituels, habitudes, us & coutumes -alimentaires, vestimentaires, comportementaux- ; etc.]. À la base se trouve le concept de considération de soi ou liberté d'action, de mouvement, d'expression. Le Rétablisme n'est pas une théorie du jugement philosophique mais un savoir formel des rapports entre les propositions authentiques, justes concernant le rapport entre le divin et l'humain et les représentations fictives, inexactes fomentées par la Tradition. Les propositions rétablistes ne résultent pas d'une abstraction, ce sont des entités qui ont une existence réelle dans l'espace ou dans le temps et qui forment une intelligibilité sur les idées du divin loin du subterfuge, de l'abrutissement et de l'ignorance traditionniste.

Le Rétablisme met toute connaissance subjective, humaine, divine ou autre, tout jugement ou énoncé doué de sens au Service de l'Humanité !

Les propositions traditionnistes [ou de la Tradition] se divisent souvent en une infinité de sottises en soi par récurrence. C'est de cet assortiment de démonstrations que le Rétablisme s'inspire pour démontrer l'existence d'un ensemble infini de non-sens. Contrairement à la doctrine traditionniste qui accorde la priorité aux abstractions de l'invérifiable, de l'invraisemblable et définit l'énoncé traditionniste comme une combinaison d'idées ou de concepts fondés et révélés [par Dieu]. Cette manière de voir permet aisément au Rétablisme de définir des antithèses soutenues par une argumentation indubitable.

Pour parvenir à la notion de vérité, le Rétablisme passe par le stade de l'*analytique*[22]. Sont dits *analytiques* les énoncés qui

---

[22] *Analytique.* Qui se rapporte, qui est relatif à l'analyse; qui procède par voie d'analyse.

renferment au moins une représentation variable telle que toutes les substitutions créent des énoncés possédant la même valeur de vérité. En d'autres termes, ou bien les énoncés traditionnistes sont tous vrais, ou bien ils sont toutes faux. La propriété analytique valide la vérité rétabliste coïncidant avec la notion d'authenticité et engendrant uniquement des propositions vraies anti-traditionnistes.

6 - Aspect épistémo-rétabliste

Une proposition théologique est dite *authentique* si, elle a été établie par une méthode critique, elle fait l'objet d'une scientification. La croyance en la vérité d'une proposition ou d'un énoncé qu'il soit théologique ou scientifique est supposée résulter de procédures objectives : toute preuve vise à provoquer un assentiment et une confiance faite à ces procédures qui renvoient elles-mêmes à une autre croyance : la *certitude*.

Le Rétablisme examine ces questions en rapport avec la notion de vérité et avec les exigences canoniques en matière de preuve, et retient, pour l'essentiel, que ces critères se révèlent accessibles. Il ne saurait y avoir d'absence de preuves ou que toute preuve serait foncièrement indéterminable. Par exemple, la conscience de l'existence du divin est aisément démontrable de manière indirecte et absolue : il suffit d'observer la nature, la vie et pour les plus sceptiques d'examiner l'intimité de la matière à travers un microscope électronique de super-résolution [ou à transmission ou même photonique]. Toute problématique des notions telles que hasard, accident, chance, probabilité, aléatoire souscrivant aux déroulements d'évènements d'ordre ontologique [l'apparition de la Vie, l'âme, la mort, le divin, etc.] n'a aucun sens. Le rétabliste objecte à vouloir se dispenser des concepts de fait, de contrôle empirique ou de vérité.

a - La proposition et le fait réel

Pour qu'une assertion théologique corresponde aux faits ou à la réalité, le Rétablisme a pour tâche d'élucider une telle correspondance. Le concept de vérité théologique selon le Rétablisme, c'est de déplacer le problème dans le sens de son accord avec les faits.

On dira en conséquence qu'une proposition théologique est vraie si elle est satisfaite par tous les objets de la science et de la raison et fausse dans le cas contraire. De ce fait, si on prend la proposition que « *l'Homme a été crée ex nihilo* [« *à partir de rien* »], *et qu'il n'est pas le fruit ni du hasard, ni d'une mutation génétique* », la condition de vérité de cette proposition s'accorde avec les faits que le raisonnement et la science peuvent aisément démontrer.

Scientifiquement, il n'existe aucune correspondance entre l'Homme et une quelconque créature sur terre, et que celui-ci est la conséquence d'un acte d'une *Intelligence Suprême* [*Dieu*] pour un objectif bien précis. Dire que l'énoncé « *l'Homme est une entité surgit sur terre selon une décision donnée à un moment donné, pour un temps donné et selon un dessein donné* » est vraie et équivaut à affirmer simplement cette proposition que le Coran, par exemple, dévoile et développe tout au long de ses versets. De ce fait, le Coran satisfait aux investigations suprathéologiques.

Cependant, il peut y avoir une objection de la part des incrédules dont l'angle d'ouverture d'esprit est réduit ou fermé du fait de carence réflexive, par manque de connaissances ou tout simplement limité intellectuellement. C'est un obstacle infranchissable que le Rétablisme par son élucidation logico-déductive permet de franchir lorsque l'on daigne sérieusement s'instruire de la vérité d'une proposition théologique et ne pas la confondre avec une proposition traditionniste.

Par conséquent, l'analyse de la proposition et de ce fait reste entière et sa valeur empirique garde toute sa portée. Tel est peut-être le sens dernier des épistémologies dites rétablistes.

Mais une telle intellectualisation des phénomènes théologiques ne peut qu'être bénéfique pour l'évolution de la connaissance et permettre le déblocage du sempiternel et stérile antagonisme entre la Science et la Théologie, entre les tenants de la Métaphysique et ceux de la Physique !

b - Dispositifs de la preuve

La proposition théologique et le fait empirique s'avèrent être le bien-fondé *principiel*[23] de l'intelligible. Pour l'observateur rétabliste les propositions scientifiques se produisent à l'intérieur de critères de validité rationnelle [lois de la nature] qui réside dans la cohérence de l'ensemble et, face à une proposition [traditionniste, historique ou historiographique] qui s'oppose à cet ensemble de lois ou à ses protocoles, le Rétabliste devra décider de leur validité ou de leur rejet.

A l'instar du Dogmatisme historique et historiographique, il est nécessaire que la forme du Dogmatisme pseudothéologique ou traditionniste qui est un système arbitraire qui décide de se poser comme un acquis empirique. L'absurdité et le scepticisme ne peuvent que se profiler ainsi à l'horizon et égarer de ce fait l'humanité, scléroser la réflexion et cristalliser la raison.

L'absence des principes d'une méthodologie empirique [argumentation objective] de la Tradition est la preuve *stricto sensu* qui témoigne de son embarras à s'annoncer comme crédible et vrai. La Tradition est aussi un modèle par trop absurde qui depuis longtemps ne correspond plus aux attentes de l'Humanité qui ne demande qu'à s'extirper de son influence néfaste et à s'émanciper au profit de

---

[23] *Principiel.* Relatif au principe comme cause première d'une chose.

l'expérimentation. Celle-ci est l'œuvre de technologies à partir de théories scientifiques qui souscrivent à l'accès aux objets indirects d'un fond conceptuel et historique théologique.

La corroboration de données théologiques provient d'hypothèses ou de théories en provenance de disciplines telles que l'anthropologie, la sociologie, l'ethnologie, l'archéologie, etc. qui impliquent que tels faits les corroborent indépendamment.

c - Preuve et justification

Un examen scientifique montrerait que la preuve d'une proposition traditionniste n'est qu'un aspect de la dislocation d'ensembles des problèmes et des apories qu'elle installa. En termes de connaissance rétabliste, cela signifie que les vrais enjeux se situent en amont [l'origine, la source] de la genèse traditionniste, c'est à dire d'élucider l'inhérence de son explication. Le Rétablisme s'investit de coller à un ensemble cohérent, des pans de données traditionnistes incohérents pour démontrer leur contradiction avec le bien-fondé des explications scientifiques [anthropologiques, archéologiques, etc.].

En termes épistémo-rétablistes, le primat d'une évidence théologique est que les propositions provenant de domaines différents du savoir accréditent l'authenticité ou la véracité de cette dernière !

Le Rétablisme présente les aspects intellectuels d'un problème théologique dont la dimension métaphysique est exprimée par le concept de liberté, de choix, de libre-arbitre, de responsabilité. L'analyse du Rétablisme doit donc débuter par un parcours des contextes culturels successifs dans lesquels ce concept a été inséré, afin d'expliciter et d'isoler le noyau de contamination traditionniste. C'est par une approche psychologique ou psychanalytique que la problématique peut être cernée et entérinée.

D'une part, le Rétablisme s'enracine dans la vitalité de tout authentifier, son énergie alimente les motivations de l'agir humain, sa soif de vérité ; d'autre part, il participe à la rationalité, qui, en se joignant à la quête du savoir et au désir de découvrir, se fait raison pratique, comme on le distingue dans le chaos de la Tradition. Aussi peut-on saisir dans la quête du Rétablisme l'intellectualisme éclairé par des motifs rationnels.

7 - *Le contexte critique*

Avec le Rétablisme apparaît les conditions de la certitude réflexive qui permettent de parler d'une expérience ontologique intérieure [liberté, l'invisible, l'inconnue, etc.]. Le Rétablisme critique assure que seule est objective la connaissance souscrite à l'ordre de la théologie qui lui donne un sens intelligible, humain, émotionnel dirons-nous, par opposition au matériel dénué d'émotion. Il en résulte que l'Homme ne peut connaître qu'une nature soumise aux lois de la causalité.

Le chemin hors du rationalisme constitue le paralogisme de la Tradition, laquelle est une figure de l'illusion transcendantale, c'est-à-dire de l'erreur fondamentale dans laquelle s'est enfermée jusqu'à présent la métaphysique sans jamais pouvoir s'en extirper.

Il est clair que, par exemple, le Coran dans son état premier de *Message universaliste* reste avant tout un outil réflexif, un « *Garde-fou* », c'est à dire une porte de sortie qui permet l'accès à la liberté ou qui empêche de verser dans l'abject, l'erreur, le méfait, l'inexact, le faux, l'inauthentique, l'infâme ; qui prévient de la calamité de la Tradition irrationnelle, ainsi que toute tentative par celle-ci de constituer son emprise sur l'individu, sa société, sa mémoire et son histoire.

Est-ce à dire que la critique rétabliste va entièrement réussir à éliminer toute trace de l'expérience traditionniste ? Il n'en est rien. D'abord, la position traditionniste renvoie constamment à son analogue, l'ignorance, et tant que les individus demeurent enlisés dans cette norme préfabriquée [abrutissement, apologie du stupide, du futile, etc.], le désir de la vérité et la critique seront exilés dans la sphère du malsain, c'est-à-dire du subir, de l'égarement pur et simple. La Tradition est tenace et elle l'a prouvée tout au long de l'Histoire.

La critique rétabliste ne peut ainsi se constituer qu'avec l'idée d'une révolution du mentale, une mutation de l'habitude, un rejet systématique et global des acquis traditionnistes. Il faut que l'esprit devienne, en quelque sorte, intellectuellement arbitraire, placé d'une certaine manière à la croisée des chemins de l'intelligible et du pragmatisme. C'est à cause de son ascendance arbitraire que la Tradition [de même que les courants sectaires qu'ils soient religieux ou philosophiques] n'est pas seulement rencontrée comme une détermination irrationnelle, mais comme une contrainte dans l'expérience de l'histoire humaine. Ce qui demande à être pensé dans une méditation sur la Tradition, c'est la tentative pour donner une réponse dialectique au mode de pensée critique où s'inscrit la raison théorique et la raison théologique, entre l'engagement de la raison, enfin entre le Rétablisme théologique et la Tradition arbitraire.

La conception dialectique du Rétablisme théologique n'est pas seulement, un exemple parmi d'autres de solution dialectique d'un problème traditionniste qui conduit à la critique ; elle constitue, à bien des égards, le noyau du raisonnement par excellence de tout le système rétabliste.

Le Rétablisme théologique a le pouvoir de prendre sa distance à l'égard de la Tradition et de se poser dans la pure réflexion, celui de l'*Universalité*. En même temps, le Rétablisme théologique demeure la particularité réfléchie sur soi et par là sur l'universalité ontologique. Dans le concept de l'universel et du particulier [le *soi*] se produit l'aptitude à se déterminer soi-même, en tant qu'individu faisant partie d'une causalité.

Ce schéma dialectique suffit à avertir que le Rétablisme théologique n'est pensable que si son concept peut être considéré dialectiquement ; ce que nous appelons historicité est articulée par un discours, dont la science extrait la logique qui n'est pas une structure formelle et vide, mais bien la logique de l'être, c'est-à-dire finalement le discours ontologique. À tous les niveaux de ce discours de l'historicité théologique, en effet, le Rétablisme atteste son caractère dialectique.

8 - Suprathéologie : schisme et hérésie

Le Rétablisme fait largement la distinction entre *Théologie* et *Tradition*, bien que cette dernière se confonde avec la première et même qu'elle l'exclut pour figurer comme l'unique référence métaphysique. Le Rétabliste théologique rompt avec les habitudes doctrinales de la Tradition et revendique en même temps la légitimité de la suprathéologie. Il est clair, par exemple, que la Tradition ne manquera pas d'apposer à la fois les qualificatifs de *schismatiques* et d'*hérétiques* aux Rétablistes. Si un individu perçoit la croyance d'une manière *suprathéologique,* il est naturellement considéré comme hérétique par les *Gardiens de la Tradition* [*Traditionnistes*]. Sa revendication rétabliste le conduit à revendiquer son appartenance suprathéologique et vivre sur ses marges, dès lors qu'il est formellement rejeté par la Tradition, il crée inévitablement un schisme, du moins il se constitue en croyant rival.

Chacun se conforte dans sa position respective en tant que partisans et adversaires de la Tradition.

a - La condamnation traditionniste

Il est évident que des mesures répressives [verbales et physiques] des autorités traditionnistes frappent les défenseurs suprathéologiques considérés comme hérétiques. En plus de l'exclusion de ceux-ci, elles mettent à l'index leurs écrits, leurs projets, leurs actions.

Les Rétablistes mettent en garde contre la Tradition et ses courants idéologiques en dévoilant cette représentation de l'erreur aux doctrines jugées perverses et futiles. L'intervention du Rétablisme est déterminante pour dénoncer et annihiler cette exploitation de l'homme et souligner l'origine abêtissante et, au-delà, diabolique, de leurs opinions et de leurs mœurs.

Le Rétablisme démontre que le dogmatisme traditionniste est une réalité radicalement étrangère à la *Suprathéologie* qui met en thème central la société humaine et son rapport authentique avec le Divin. La Tradition a jadis ébauché un projet d'abrutissement de masse appelé à un grand avenir et pourvoyeur de peur, de tourments, de soumission, de châtiments, de malédictions. Ne parlons pas des sectes qui en sont issues et qui rivalisent dans le mensonge et l'absurdité. En effet, l'instrument dont il [projet] dispose ainsi a un immense pouvoir réducteur : il peut faire entrer dans la même série, sous le nom de Dieu, leurs intérêts particuliers et leurs causes non théologiques.

Aucun débat n'a jamais été suggéré et qui a conduit à l'essor de la réflexion suprathéologique. Le contenu de la croyance traditionniste a été d'abord déployé « *intellectuellement* » et timidement au milieu du XIe siècle, puis massivement au début du XIVe siècle à la faveur du déclin formelle de la *Civilisation de l'Islam Classique*. Tout ce qui s'opposait au dogme traditionniste était considéré comme des thèses jugées hérétiques et donc condamnables. Cette ligne de conduite est perpétuée dans l'historiographie confessionnelle qui demeure une institution socioculturelle monolithique d'où l'immobilisme sans faille de la Tradition.

Cela reste vrai pour les siècles suivants, comme l'attestent actuellement l'état de ruine des sociétés *se prévalent de l'Islam* continuellement à discourir sur le Messager que sur Dieu, à diviniser le premier et à humaniser le second. La politique traditionniste est de penser le divin que d'une manière accessoire.

Dieu ce mystérieux inconnu [sic] !

IV - Rétablisme d'ordre universaliste : Être au service de l'Humanité

A - *L'idéalo-réalisme du Rétablisme*

Le Rétabliste est simultanément un *idéaliste*[24] entreprenant et un *réaliste*[25] ou *idéo-réaliste* [*idéalo-réaliste*]. Il attache une large place à la raison humaine car il est responsable dans l'Histoire.

Les doctrines rétablistes se distinguent par leur tact didactique singulier et leur dialectique ingénieuse. Le Rétablisme a surtout une valeur critique et constructive enrichissant ainsi la Connaissance en devenant un vecteur civilisationnel. Il est le grand pourfendeur de l'erreur, de la fausseté, du mensonge, de l'inauthentique, de l'irréel, de l'irrationnel, etc.

De nos jours, la déconstruction de l'esprit, l'anarchisme épistémologique, le discours de l'ignorance, l'apologie de la finance, les phénomènes sociologiques de rejet et de replis, l'explosion de l'intolérance religieuse, etc., sont des manifestations qui s'acheminent vers la décomposition de la raison humaine. Cette dernière est formatée par les tendances subjectives, alors mêmes que le progrès civilisationnel affirme des tendances objectives [communication, développement, etc.].

Croire à la réalité de ce que révèle la Connaissance est une réaction normale et naturelle pour le Rétabliste. En effet, ce dernier considère comme un principe du monde authentique un élément intuitif comme le bon sens, la raison, etc. La distinction entre le *phénomène* [fait, évènement, ce qui s'atteint par les sens] et le *noumène*

---

[24] *Idéaliste*. Partisan du *Réalisme* qui est toute philosophie qui ramène l'existence à l'idée, à la pensée considérée en particulier ou en général.

[25] *Réaliste*. Partisan du Réalisme qui affirme l'existence d'une réalité objective, qui refuse de s'en tenir à une conception uniquement phénoménale ou formaliste de la science.

[objet de la connaissance rationnelle ou scientifique] est un premier pas vers le Rétablisme. Mais celui-ci ne se constitue que lorsque le monde ou l'univers se définit comme la représentation d'une conscience ou d'un sujet intelligent et agissant.

Le Rétablisme a été préparé par la réflexion sur les rapports entre l'intelligence et la réalité par opposition à l'inintelligence et à la fausseté. L'idée rétabliste revêtant une forme en représentant quelque chose, un individu, une société, une civilisation, etc. Avoir une réalité formelle ou exister formellement équivaut à être dans un substrat universel. Le Rétablisme ne place pas le monde entre parenthèses ou entre des bornes, car celui-ci est la représentation de la cognition et, sans celle-ci, il n'existe pas d'autre réalité que le concept dans ladite représentation.

La référence à la déité [Dieu Créateur des Univers] est un garde-fou et source d'idées qui tiennent lieu d'une réalité ontologique : l'insignifiance de l'Homme, et par extension de l'Humanité face à l'Universel. Le Rétablisme, c'est la communicabilité authentique afin d'atteindre le consensus en s'élevant au dessus du niveau des émotions pour se fixer dans le champ de l'intelligible, de la connaissance.

Quelle est la portée de cette notion ? Que Dieu ne pense pas à la place de l'homme et ne raisonne pas comme lui !

Avant l'apparition de la Science au IXe siècle, l'homme n'avait de savoir sur l'Univers que des apparences fausses tant qu'il l'interprétait naïvement, sur la base de ses sens plutôt que sur celle des idées réelles et distinctes, une *causalité-rapport*, une science de lois des phénomènes de la nature destituée d'irrationalité, de magie qui impose une connaissance vraie et rétabliste. Le problème de mystification des concepts et des idées occupe une place importante dans le Rétablisme. Le concept de Rétablisme est guetté par tout type de dogmatisme car à l'exigence chimérique d'une objectivité absolue communément admise, il oppose ainsi une subjectivité raisonnable et fonctionnalisée.

Le Rétablisme est en lutte continuelle contre l'idée fausse, la justification d'intérêts, de passions à l'ombre d'une attitude à l'égard de la réalité. À la limite, n'importe quel discours ou proposition douteuse entre dans le protocole rétabliste. Pour le Rétabliste, la pensée adverse [institutionnelle, dogmatique, etc.] peut, soit demeurer statique, soit évoluer dans une ambiance de fausse conscience. Dès lors, il ne saurait être question, dans cette optique, de ne pas appliquer une catégorie critique des plus explicites.

Le Dogmatisme [historique, historiographique, théologique, etc.] tourné vers le passé s'est vu investir une fonction statique de conservation sociale, alors que le Rétablisme tourné vers l'avenir est un facteur dynamique révolutionnaire ou novateur.

Le Rétablisme axé sur le futur transcende le social !

1 - Rétablisme et construction fonctionnelle de l'esprit

A une époque où la stérilité et l'arbitraire règnent, il est nécessaire d'écarter d'emblée toute forme de dogmatisme qui s'est fixée sur le terreau de l'ignorance, du nationalisme, du fanatisme, de l'idéologie fascisante. Le Rétablisme est un processus que le penseur accomplit consciemment, mais avec des forces motrices véritables qui mettent en mouvement ses aptitudes intellectuelles. Le Rétablisme est un système possédant sa logique et sa rigueur propres d'éclaircissement des représentations qu'il étudie [faits, événements, phénomènes, idées ou concepts selon les cas] ce qui lui octroie un grand rôle dans l'existence d'un individu et d'un rôle historiques au sein d'une société donnée. Sans pénétrer dans le problème des rapports d'une société à son passé [culturel, socioéconomique, idéologique, etc.], le Rétablisme comme système d'explications s'incorpore à la science en ce que la fonction socio-fonctionnelle [réalité sociale] s'accorde sur la fonction théorique [connaissance].

Par *Rétablisme*, il faut entendre interprétations de la situation qui sont le produit d'expériences concrètes, une sorte de connaissance rationnelle, donc authentique de ces expériences. Ces dernières servent à discerner la situation réelle et agissent ainsi sur l'individu et sur sa société comme une libération. A ce propos, le divin joue un rôle central dans la pensée rétabliste qui saisit par la connaissance effective la déité et qui est plus apte à transcender son ego et d'éviter de s'égarer dans les méandres de la futilité, de l'erreur, de la mystification. C'est là qu'il est question de *libération* au sens ontologique du terme.

Quoi de plus émancipateur que de se libérer de l'humain afin de s'approcher du divin !

Quoi que l'on dise, la *science du divin* qui n'est rien d'autre que la *Science* [lois de la nature] et c'est par cette dernière que l'Homme saisit toutes les nuances qui éclairent le divin. Par la science du divin, c'est un système global d'interprétation de l'Univers historico-évènementiel qui a pour fonction de donner une direction d'action individuelle et collective responsable. En effet, l'Homme, l'Univers ne provient ni du hasard, ni d'accidents atomiques, ni de réactions biochimiques aléatoires, il n'a pas été crée en vain. Il a une histoire authentique et comme l'Histoire de l'homme [que le Rétablisme démontre] il ne peut ni être faussé, ni être corrompu car il est sous l'effet immuable et irrémédiable d'actions et de réactions évènementielles, factuelles qui échappent à la raison humaine *grâce à Dieu*. Le Rétablisme est un complexe d'idées et de représentations [scientifiques] qui interprète le monde historique, historiographique, théologique, métaphysique d'une manière *antidogmatique* et donc loin de l'illusion. Voir qu'une pensée est rétabliste équivaut à dévoiler l'erreur, à démasquer le *Désordre* ; la désigner, c'est lui reprocher d'être mensongère et frauduleuse.

Par le terme « *Désordre* », on entend la confusion, les troubles, le chaos qui affecte la disposition régulière et normalement attendue des choses, c'est à dire, l'Homme, sa société, l'écosystème, etc. En ce sens, le *Désordre est l'absence du divin* [qui donne un sens à la vie, à l'existence], le manque de régularité dans l'ordre social, économique, politique, etc., dans l'ordonnance du monde. Finalement, tout ce qui fait que l'individu n'a plus de repères, ne s'y retrouve pas et par conséquent se soumet aux stimuli de ses hormones. A lui de s'épanouir à l'ombre de l'Ignorance, de la Finance, de l'Immoralité, puisqu'on lui enseigne que c'est un animal apparu sur Terre par hasard et qu'il n'a de compte à rendre qu'à la Loi humaine !

L'attitude rétabliste signale que le *Désordre* établi vise en effet à faire durer l'état de choses préétablis. Elle dénonce ce caractère manichéen qui instaure la dévalorisation de toutes les luttes qui sont contre son intérêt, la diabolisation de l'adversaire. La pensée moderne formule qu'une collaboration entre Rétablisme et vision du monde ne peut être que fructueuse ce qui explique que le Dogmatisme historico-historiographique est l'extériorisation d'un complot extra-historique. Ce dernier n'est guère qu'un aspect d'un phénomène beaucoup plus général qui intéresse, entre autre, la psychopathologie ou la *sociopsychiatrie*[26].

a - Rétablisme et historicisme[27]

La rétrospection du présent sur le passé est rétabliste, donc vraie connaissance. En fait, c'est bel et bien à partir du Rétablisme qu'il est loisible d'admettre un primat méthodologique du présent : l'historien rétabliste choisit en fonction de ses critères actuels [tamisés scientifiquement] les interrogations qu'il pose au passé [et au présent]. Cette démarche implique que la réalité historique a subi des déformations en fonction des exigences variables qui vont bien au-

---

[26] *Sociopsychiatrie.* Étude de troubles mentaux en fonction de l'appartenance des sujets à un groupe social.
[27] *Historicisme.* Doctrine selon laquelle la connaissance historique permet d'expliquer la totalité ou certains aspects du devenir humain.

delà de la vue de l'esprit. Lorsque la société est scindée sous forme de castes, d'ordres ou de conditions, la référence rétabliste révèle toute son utilité. Du point de vue critique, il existe un parallèle entre l'esclavage classique entièrement exempte de notions utopiques, et celle de la Finance du XXIe siècle, porteuse d'une illusion égalitariste. Rien ne permet de considérer l'histoire du passé comme une sorte de *propédeutique* [28] d'un présent avantagé, à moins d'introduire l'hypothèse du sens « *falsifié* » ou « *fabriqué* » de l'Histoire.

- *La résistance au changement*

Un concept rétabliste de caractère scientifique peut jouer un rôle de plaidoyer idéologique. Dans ce cas, le Rétablisme apparaît comme un facteur de résistance à la puissance sans cesse croissante du système *culturo-financier* ou *idéo-financier*. Ce concept vise à dévoiler si une société se compose en un système en équilibre stable ou ordonné. La dynamique sociale en serait plus « *humaine* » en ce sens où elle aide à expliquer des mutations dans l'organisation sociale. Pour sa signification doctrinale, il convient d'avoir présent à l'esprit l'importance de la négation de l'immobilisme cérébral et comportemental [ou habitude], autrement dit dans la fausse conscience, la paresse intellectuelle, le confort moral.

Le projet rétabliste [intellectuel, social, culturel, politique, etc.] n'est nullement de léguer un quelconque secret de la société parfaite. C'est un fait que les changements structurels sont mal compris et facilement attribués à l'*Autre*, qui dans la pratique revêt la forme de xénophobie, voire de l'*ostracisme*[29]. Cette mentalité exerce toujours

---

[28] *Propédeutique*. Éléments de connaissance constituant une préparation nécessaire à l'étude plus approfondie d'une science.

[29] *Ostracisme*. Décision de mettre ou de tenir à l'écart d'une société, d'une collectivité par des mesures discriminatoires. Attitude hostile d'un ensemble de personnes constituant une communauté envers ceux qui lui déplaisent. Action d'exclure d'un groupement politique, de tenir à l'écart du pouvoir, une personne ou un ensemble de personnes; résultat de cette action.

une influence sur la pensée politique de la plupart des sociétés humaines envahies par la peur et enveloppées par l'ignorance.

Pour des raisons didactiques, il faut recourir à l'expression « distorsion historique » pour mettre en évidence la perception de la causalité historique [événements historiques] semble judicieux !

En simplifiant quelque peu les données du problème, on peut déterminer la causalité historique par son caractère *rétabliste* en ce sens où les événements et faits historiques sont choisis au gré des circonstances et selon des préjugés irrationnels.

b - Rétablisme et vérité

Reste la question importante des rapports entre Rétablisme et vérité. Le Rétablisme a pour autre vocation de résoudre élégamment toute difficulté historique ou historiographique. Ainsi, le fait d'admettre l'origine universelle de la *Civilisation de l'Islam Classique* des sociétés occidentales n'enlève en rien à la valeur scientifique de la notion d'*Islam*. En fin de compte, l'histoire de la Connaissance a énormément d'incidences sur l'épistémologie. Seule l'instrumentalisation des théories historiques pose des problèmes quant à leur coefficient de crédibilité. Une approche suprathéologique peut jouer un rôle positif en préparant le terrain pour une approche scientifique et vice versa. La curiosité suprathéologique suscite un intérêt qui persiste souvent après l'évacuation des passions et peut encourager des études de valeur scientifique d'une extrême qualité.

Quelles sont les limites qui séparent la quête de la vérité [scientifique] de la complaisance de l'erreur ? Renvoyant l'individu à un travail rétabliste, ce dernier remarquera que l'investigation scientifique vise à simplifier ce qui est compliqué, afin de le mettre à la portée de l'individu. Loin du confort intellectuel habituel ainsi offert, l'adhésion des foules s'avère hypothétique et pour cause le bon sens, aussi difficile à codifier dans le concret que dans l'abstrait.

L'évènement ou le fait historique d'un point de vue rétabliste, c'est ce qui se produit réellement à une certaine date et dans un lieu déterminé. Sa signification s'établit à partir d'un certain enchaînement des causes ou de conditions préalables fournies par divers moyens d'investigations [archéologiques, physiques, anthropologiques, etc.]. Le Rétablisme montre que l'histoire des sociétés extra-européennes ne doit plus être considérée comme dénuée d'importance et fatalement finir dans l'oubli.

On peut distinguer, dans nos sociétés actuelles deux types de connaissance événementielle : l'un tourné vers le passé, l'Histoire préétablie, l'autre tourné vers le Rétablisme, l'Histoire rétablie !

Si le Rétablisme historique cherche à relier les événements passés en un discours logique, celui-ci en constitue la vraie connaissance pour l'existence pratique de l'individu contemporain. La prospective rétabliste évoque les propositions passées ainsi mises en place, ou celles exposées et analysées par l'anthropologie, la sociologie ou l'archéologie.

Il faut noter que le Rétablisme est un mode de pensée nouveau, il est une réponse de l'homme angoissé par la diversité des moyens de communications et la multitude de leurs données. Par conséquent, un mécanisme d'assistance envers l'incertitude anxiogène des « *informations* », lorsque l'Histoire, au lieu d'évoluer vers la vérité, accélère le mensonge et la manipulation. Sa fonction est-elle, au fond, de nous éclairer car l'Histoire nous a suffisamment montré ses incohérences, ses actes créateurs de confusions.

L'individu averti par le Rétablisme peut dans une certaine mesure changer la perception de sa propre personne et celle de sa société grâce à son intervention rationnelle qui conçoit qu'il est souhaitable de ne point rester passif devant les événements imaginés comme possibles ou probables. Ce qui fait que d'un côté le discours rétabliste tend à nier l'événement dissimulé derrière des régularités ; de l'autre côté qu'il favorise la quête de la vérité, c'est à dire de faire de l'Histoire moderne un acte de création de la liberté humaine !

Enfin, le Rétablisme procède à partir d'une typologie des événements et de la correspondance établie entre chacun d'eux et d'autres types factuels provenant d'autres sources [archéologiques, ethnologiques, etc.]. D'abord limités au domaine historique, historiographique et religieux, les efforts de volonté rétabliste deviennent naturellement beaucoup plus ambitieux. Ils tendent à porter sur tous les domaines et visent le long terme. De par sa nature et sa portée, le Rétablisme constitue un procédé, un modèle réflexif qui situe ses démarches par opposition à celles de l'Histoire orthodoxe [ou officielle] et à ses spéculations.

La position rétabliste s'explique par les progrès des procédés de connaissance et par l'obligation de plus en plus urgente pour les individus de prendre des décisions engageant leur avenir, souvent à longue échéance puisque le futur de leur descendance est en jeu. Cet intérêt est suscité non seulement par des raisons socioculturelles qui ne sont point nouvelles, mais également économiques et politiques. Dès lors, la simple curiosité ne suffit plus, car c'est beaucoup plus qu'une fuite hors du présent, c'est un besoin de changement radical de la perception et de l'application du déroulement évènementiel de son existence.

La personne rétabliste doit s'émanciper réellement des angoisses et des espérances qui puisent leur essence dans le caractère émotionnel et imaginaire des peurs et des rêves d'antan, mais de susciter une prise de conscience très concrète de la réalité présente. Pour cela, il est essentiel de réévaluer et de replacer les discours, les propositions très controversées des propagandistes et des tenants du *Désordre*[30].

c - Le Rétablisme pour celui qui raisonne

Les déterministes politico-financiers veulent entièrement piloter l'avenir. Il est un domaine que l'on ne soupçonne même pas si l'on daigne un peu s'y intéresser par une investigation attentive, précisément celle que poursuit le Rétablisme. Il s'agit de l'*Histoire* [en général], une pieuvre tapie dans l'ombre de la Culture et de l'Éducation qui tend ses tentacules afin de happer la crédulité, la confiance, l'émotion, la raison même de tout individu. Ses terrains de chasse sont les Sciences humaines et la Théologie.

Parfois l'on croit ce qu'on lit [Histoire Orthodoxe ou officielle] parce que ce sont des gens au service de l'Etat [Historiens] que l'on pense érudits, qu'ils l'ont écrite [Historiographie] alors que c'est faux. À l'inverse, il arrive souvent qu'on estime invraisemblables des écrits historiques car ils ne répondent pas aux critères prescrits par l'Histoire [officielle] alors qu'ils sont véridiques. L'inéluctable n'est parfois que le déguisement d'une volonté de semer le *Désordre* pour mieux régner, qui s'impose à une opinion insuffisamment informée ou préoccupée par les aléas de l'existence quotidienne. *N'est-ce pas là l'objectif inavoué projeté par certains stratèges ?*

---

[30] Dans les domaines tels que la surpopulation, l'altération catastrophique de l'environnement, l'aliénation de l'individu par la surconsommation et sa mise en servitude mentale, l'intoxication médiatique, la dégradation du patrimoine génétique, la manipulation biologique et psychologique de l'être humain, l'accaparement du pouvoir décisionnel [politique, social, économique, culturel] par quelques financiers et le caractère hautement technocratique de ce pouvoir, etc. Bien entendu que la libération de la pénibilité des tâches par la technologie, le succès sur les maladies, l'élévation des conditions de vie, l'évolution des loisirs, l'amélioration de l'agencement de la nature, l'universalisation de la communication entre les hommes et, plus généralement, l'élévation qualitative de l'existence et des possibilités humaines. Il ne s'agit pas de le nier, mais de le rendre à l'échelle de l'Humanité quant à son accessibilité, son utilisation, sa gestion, etc.

Il est indéniable que si l'on ne manipulait pas l'Histoire en la réécrivant ou en la fabriquant, la face du monde aurait été changée !

La pensée rétabliste apparaît comme ayant un champ qui ne cesse de s'étendre. Grâce aux moyens dont elle dispose actuellement, notamment aux outils de communication et aux techniques informatiques, grâce aux progrès des méthodes d'investigations et plus largement aux disciplines scientifiques dont elle peut user, rectifier, mettre en lumière, prévoir et planifier la conduite rationnelle de l'action historique et historiographique.

Conséquemment, le travail rétabliste, dans une large mesure, peut préparer l'individu à lui faire prendre conscience que c'est là une bonne direction qui lui permettra de préparer un avenir meilleur que celui qu'on lui propose. En effet, dorénavant, il a enfin le choix car la vérité se distingue d'emblée de l'erreur !

Le Rétablisme se pose la question fondamentale du choix des finalités. Une chose est sûre, ce ne sont pas les quelques individus qui auront la charge de les fixer. Les « *Gardiens rétablistes* » veilleront sur leurs constitutions [doctrines et idéologies] qui visent à contrôler l'avenir. Comment garantir que celui-ci est viable et vivable pour tous ? D'autre part, à admettre que l'accord s'accomplisse sur les fins, il reste à prévoir le programme qui consentira à les réaliser. Quoi qu'il en soit, tant d'incertitudes, tant de mensonges, tant de faussetés apparaissent qu'on peut se demander si un programme *humain* valable peut être établi. En admettant qu'il puisse l'être, le Rétablisme devra maintenir dans sa réalisation l'ensemble de ses principes [vérité, authenticité dans l'action du bien commun, etc.].

Ainsi, dès l'abord, le Rétablisme se révèle comme une entreprise particulièrement ardue et qui doit réunir des démarches de types très divers [culturel, socio-économique, spirituel, intellectuel, etc.].

2 - Rétablisme et avenir des sociétés humaines

Les procédés dont se sert le Rétablisme en vue de rétablir la Vérité suggèrent qu'il sait clairement où il va et comment il doit y aller, et qu'il est capable d'atteindre des conclusions vraiment patentes. De plus, ainsi désigné, le Rétablisme pourrait constituer une force nouvelle. En effet, à bien des égards, son caractère propre demeure surtout dans le fait qu'il envisage dans la perspective de l'avenir les aspects variés de la société humaine.

Le Rétablisme offre des traits nettement scientifiques, les caractères généraux du savoir scientifique, entendant s'occuper des évènements passés qui ont été tronqués, falsifiés, fabriqués de manière systématique, méthodique et aussi rigoureuse que possible. Tout cela afin d'installer les sociétés actuelles dans un présent respectueux de la vérité et de l'authenticité - et c'est sagesse de sa part -, de leur ouvrir des portes de dialogues et de rapprochement sur un avenir intelligent qui ne peut qu'être de type très divers et en même temps commun.

Le Rétablisme suppose que l'individu qui raisonne sache se libérer des façons de voir, des préjugés, des catégories culturelles qui conditionnent sa vision des choses, mais que l'avenir ne saurait plus accepter étant donné que l'*Humanité* aspire au même idéal. C'est avant tout cette évolution qui constitue le Rétablisme et qui mérite une acception beaucoup plus large et plus audacieuse, du fait qu'il installe les possibilités d'une investigation méthodique de la réalité et de la vérité au service de l'avenir, au « *Service de l'Humanité* »..

Tout en faisant une grande part à des dispositions générales, telles que les émotions, les intuitions, le pragmatisme, le Rétablisme adopte néanmoins les manières de faire précises qui maintiennent son caractère scientifique, c'est à dire rationnel. Il procède à des inventaires de faits, de facteurs aussi complets que possibles. Il examine de manière rigoureuse les situations factuelles. Le Rétablisme s'efforce d'utiliser les intentions, les motivations des conduites individuelles et collectives. Il cherche à atteindre les phénomènes les plus essentiels, inhérents à la réalité, la logique, la raison qui demeurent les variables clés de l'esprit rétabliste. Il élabore des schémas, des modèles authentiques historiques, historiographiques, théologiques de l'avenir.

La démarche rétabliste relève d'un type qui correspond à l'aspect de la vie en société : la construction intelligente de l'avenir. Son investigation constitue d'une part, une science factuelle, positive ; d'autre part, une science de l'action, une science normative.

Explorant dans toute la mesure du possible à reconnaître l'avenir dans les données du présent, le Rétablisme est amené à porter attention aux catégories de faits du passé, ainsi que ceux porteurs d'avenir. Les tendances mensongères lourdes de conséquences qui sont constituées par l'ensemble des données pseudo-historiques ou dogmatiques [Histoire orthodoxe ou officielle] qui ont déterminées les sociétés contemporaines deviennent, maintenant, avec une réflexion rétabliste, prévisibles avec un faible risque d'erreur : évolution de la pensée, rythme du progrès technique, de la communication, obstination de la curiosité, de certaines habitudes d'interrogations des individus, etc. Les faits rétablistes porteurs d'avenir, souvent perceptibles, constituent des réalités, au départ embryonnaires, certes, mais dont l'importance ne saura tarder à s'affirmer et qui auront naturellement des répercussions profondes et étendues.

Le statut et l'objet du Rétablisme posent donc la question plus générale et plus fondamentale de ses rapports avec l'Histoire. Le point de vue rétabliste selon lequel l'avenir est-il une prorogation ou au contraire un *rétablissement* du passé ? En réalité, l'avenir aux yeux d'un Rétabliste est de rompre avec raison avec la tendance traditionnelle à penser l'avenir dans la continuation d'un passé corrompu. Mais, pour créer l'avenir, doit-on se délier entièrement de ce passé ? Si puissante que soit actuellement la pression de la nouveauté, domptée par le Rétablisme, on sent toujours persister une tension entre un passé, certes qui ne dit pas son nom et qui veut perdurer, entre des institutions, des us et coutumes, une Tradition ; tous veulent se maintenir, et des forces novatrices rétablistes qui se prescrivent de s'en affranchir. Un antagonisme entre, d'une part un *passé à rétablir*, et de l'autre un *avenir à établir*. Ce dernier doit conduire à la correction, au pire à l'éradication du premier. Il s'agit de conserver du passé que ce qui est authentique, véridique, en sachant que bien des aspects sont périmés tandis que d'autres sont fabriqués et maintenus avec une vigueur singulière. La méconnaissance de ce fait que dénonce le Rétablisme a toujours faussé gravement notre vision de l'avenir.

L'avenir vu par le Rétablisme s'observe en catégories de problèmes, de structures, d'interactions, de processus dont l'identification et la caractérisation sont souvent, formellement du moins, de nature différente que ceux qu'a produit le passé. Aussi l'expérience et la méthode rétabliste surtout sous la forme compréhensive de l'Histoire peut-elle être très utile à formuler l'avenir. En tant que réflexion d'un futur à faire, à inventer, le Rétablisme forme cependant une entreprise éminemment créatrice. Il a la maîtrise de ses démarches et les conduits de manière aussi rationnelle et cohérente que possible, mais, en même temps, il lui faut faire appel à toutes les ressources de l'esprit créatif.

Ainsi dans la méthode dite *rétabliste* se réunissent imagination et raison où se conçoivent aisément toutes les hypothèses qu'implique la mise en œuvre de la pérennité de certains facteurs économiques, culturels et sociaux, qu'il a bien fallu « *déterrer* », rétablir et admettre pour rendre viable la démarche. Dès lors, l'avenir en projet est-il beaucoup plus un avenir simplement vraisemblable d'autant plus que c'est un avenir dont la réalisation est assurée sur de nouvelles bases qui sont la vérité et la sincérité, des guides précieux grâce auquel, par la suite, il est possible de situer d'autres évolutions, d'autres politiques, d'autres objectifs. Néanmoins, cette aisance rétabliste devra être conduite avec circonspection, bien que le Rétablisme propose davantage de certitudes que de conjectures, il lui faut être vigilant quant à l'appréciation des propositions ou des faits constatés avec la réalité.

Quant à l'étendue du domaine visé pat le Rétablisme, le « *Service de l'Humanité* » se présente sous une forme globale qui embrasse la totalité de l'avenir, c'est-à-dire l'Humanité tout entière, toutes les composantes de la vie et de l'activité de l'Homme. Voilà le projet d'une réflexion rétabliste intéressant tous les domaines selon une démarche propre, visant à saisir le dynamisme d'ensemble qui porte l'Humanité vers l'avenir. Pour cela, le Rétablisme suppose l'appréhension d'un grand nombre de facteurs et d'interactions qui révèle que ceux-ci recouvrent en fait des situations très diverses : concepts de société de consommation, civilisation industrielle, société libérale, institutions de gouvernement et d'administration, entreprise, école, conception de l'autorité, de la famille, du genre de vie, etc.

a - Perspectives du Rétablisme

Le Rétablisme met au premier rang des facteurs de l'évolution de la civilisation et, plus généralement, la mise en question croissante de la société qui fait apparaître que nombre de structures et de comportements, qu'on pensait former le cadre immuable de la société [Tradition, us et coutumes, etc.], sont susceptibles de connaître de profondes transformations, du fait de la désinformation, de l'intoxication médiatique et du formatage cérébral institutionnel dans les domaines aussi divers que les pluralismes sociaux, culturels, idéologiques et les tensions et conflits qui en résultent. Aussi convient-il au Rétablisme de récuser aussi bien une certaine idée de passion irrationnelle que les phénomènes sociologiques de replis ou de rejet social, culturel, etc. et de prendre en compte les aspirations, les valeurs, les idéologies dans toute leur diversité du moment qu'elles soient authentiques.

Assistera-t-on à un dépérissement des idéologies défendant la prédominance du technique et de l'économique, ou bien les idéologies circonscriront-elles la poussée technologique et économique sur la société ?

Le Rétablisme pense que sa démarche conduirait presque assurément à une prise de conscience du moment que l'individu s'interroge sur le caractère global, réflexif et systématique sur l'avenir de sa société, et par extension de la civilisation. Une telle question s'inscrit toujours dans le débat ouvert par le Rétablisme entre connaissance scientifique, connaissance philosophique et religieuse, et invite à accueillir les rapprochements qui pourraient avoir l'allure d'une intégration ou d'une union.

Le Rétablisme ambitionne, pourquoi pas, de se consacrer à la création de véritables centres interdisciplinaires de grande envergure, capables de mettre en œuvre une politique scientifique ambitieuse et de donner à l'Histoire ses lettres de noblesse sur une assise scientifique et institutionnelle.

Il ne serait pas illusoire que des revues internationales, des sociétés savantes, des colloques et rassemblements annuels commencent à former un réseau de communication internationale et partiellement interdisciplinaire afin de sortir l'expérience humaine qu'est l'Histoire de la forteresse du *Dogmatisme*.

Actuellement, il règne une grande confusion dans l'emploi de l'expression « *Histoire, Historiographie* ». Le Rétablisme dans son acception la plus large rassemble sous ce vocable [*Histoire, Historiographie*] la totalité des approches scientifiques de la cognition, dans ses réalisations tant historiques qu'historiographiques.

Du côté de la pensée rétabliste d'ordre intellectuel et religieux, on est porté à discerner dans le Rétablisme une investigation portant sur les traits concrets et particuliers de l'avenir des sociétés, et, de ce fait, d'interférer contre les théories spéculatives ou doctrines du « Désordre » [politico-financier] qui se propose, à un niveau fondamental de l'existence de l'individu, d'en exprimer non seulement le sens mais la direction !

Le Rétablisme serait porté à majorer la signification des mutations entraînées notamment par le progrès scientifique et technique, qui dans l'état actuel des choses [tenants du Désordre] ne renouvellent que timidement la condition humaine, le statut foncier de l'homme et de son écosystème. Les Rétablistes ont tendance à examiner les considérations sur le progrès civilisationnel comme des vues méritant de retenir l'attention. Cette attitude critique rétabliste doit s'accentuer dans la mesure même où s'intensifient les démarches et la puissance toujours grandissante des « *nuisibles* » au genre humain. Cependant, l'opposition entre les penseurs rétablistes et leurs adversaires dès lors que, pour déterminer l'avenir des sociétés humaines [avenir, choix à faire, etc.] elle rencontre, notamment lorsqu'elle se place à un point de vue global, des problèmes d'interprétation, de responsabilité, de sens et d'orientation.

Plus particulièrement, lorsque des décisions qui guident l'avenir des sociétés s'imposent au nom de la Finance, de la Politique, de la désinformation généralisée et de la raison d'Etat. Dans un monde libéral, cette détermination rétabliste conduira inéluctablement aux affrontements. De quelques idéologies qu'elles soient [spiritualistes extrémistes, matérialistes, libérales, etc.] ces dernières n'acceptent pas de se voir remises en cause par le Rétablisme, mais entendent bien garder leur hégémonie pour en être les guides. De telles revendications ont assurément pour fondement l'ignorance et l'endoctrinement de ceux qui y adhèrent. Il suffit toutefois que la raison rétabliste les oriente en leur présentant des données [historiques, historiographiques, théologiques, etc.] qui ne soient pas présentées comme s'imposant au nom d'une autre idéologie fût-elle scientifique [rationnelle, authentique].

3 - Thèmes ou sujets susceptibles d'être traités par le Rétablisme[31]

Etablir l'*Ordre historique* en rétablissant le *Désordre historiographique* est une aptitude du *Rétablisme*. Innombrable sont les évènements et faits historiques faux, corrompus ou tout simplement

---

[31] Cette liste concise n'est en aucune manière exhaustive, loin de là.

fabriqués au cours des siècles [Moyen-Âge, Renaissance, Siècle des Lumières, Ere industrielle et Epoque coloniale] communément admis par la conscience collective car imposés par l'éducation, l'enseignement [école, Université, etc.], la société, la culture populaire et chose nouvelle de manière chaotique et colossale, par les réseaux sociaux [Internet].

Il convient d'insister sur la nécessité d'ouvrir le Rétablisme au plus grand nombre. Ce sont tous les humains qui ont la responsabilité de l'avenir de leur société, et chaque citoyen doit se lancer dans la quête de la Vérité et être entendu dans la préparation des décisions qui fixent l'orientation de son Histoire [et celle de sa société] qui est, sans prétention aucune, celle de l'Humanité toute entière.

Il est indéniable que le Rétablisme est susceptible de se donner pour objet direct de répertorier, d'observer, d'analyser à la source dans leurs aspects les plus amples et les plus généraux l'*Histoire* et l'*Historiographie*. On retiendra ici, dans une liste déjà fort longue quelques thèmes ou sujets donnés à titre indicatif.

a - Quelques pistes de prospection rétabliste

Préhistoire

- Les origines de l'Homme : approche autre que celle de l'évolutionnisme ou théories mécanistes, etc.
- Migration de l'Humanités sur la Terre : origine et formation des déplacements.
- Outillage, artisanat, architecture, navigation, etc. : origine et développement.
- Système d'écriture : origine et développement.
- Etc., etc.

Antiquité

- Les sociétés gréco-romaines : réalités historiques.
- Origines des Sciences : réalités historiques.
- Personnages de l'Antiquité : réalités historiques.
- Vie et mœurs des sociétés antiques : réalités historiques.
- Judaïsme, Christianisme [Eglise] : réalités historiques.
- Les constructions monumentales : origines - réalités historiques.
- Charlemagne, Charles Martel : réalités

historiques.
- Etc., etc.

Moyen-Âge et Renaissance

- Vie et mœurs des sociétés féodales : réalités historiques.
- Islam et pseudo-Islam [Tradition : Hadiths] : réalités historiques.
- Croisades : objectifs. Réalités historiques.
- La Renaissance : réalités historiques.

- La Civilisation de l'Islam Classique : réalités historiques.
- Eglise et son pouvoir [donation de Constantin, politique de la terreur, etc.] : réalités historiques.

- Humanistes : qui sont-ils réellement ?
- Humanistes fabricants de l'Histoire de l'Occident ?

- Le passage de la culture de la Civilisation de l'Islam Classique en Occident : copie, plagiat : réalités historiques.
- Les grands navigateurs occidentaux sont-ils vraiment navigateurs ? Réalités historiques.
- Qui a réellement découvert l'Amérique ? Découverte de l'Amérique et contact avec les Amérindiens : réalité historique.
- Les Ottomans qui sont-ils et qu'ont-ils fait réellement : réalités historiques sur leur « *Khalifat* ».

- Transactions politiques entre les Ottomans et l'Eglise sur la prise de Constantinople et la Reconquista espagnole : réalités historiques.

- Etc., etc.

Siècle des Lumières

- Rationalisme occidental, les sciences et techniques : réalités historiques.

- Grandes fortunes en Europe : origine et développement. Réalités historiques.

- Traite des Noirs, industrialisation : réalités historiques.
- Etc., etc.

Epoque moderne

- Guerre de sécession aux Etats-Unis : réalités historiques.

- Révolution française : origine et conséquence. Réalités historiques.

- Acteurs de la Révolution française : qui sont-ils réellement : réalités historiques.

- Napoléon Bonaparte : qui est-il réellement : réalités historiques.

- Napoléon Bonaparte et la Finance mondiale : réalité historique.

- Napoléon Bonaparte et la Campagne d'Egypte : le code Napoléon : réalités

- Colonisation du monde et industrialisation mondiale : réalités historiques.

* Colonisation de l'Algérie : réalités historiques.
* Décolonisation et la Finance : réalités historiques.
* Organisations internationales, Politique [Europe, Mondialisation] et Finance : réalités historiques.
* Guerres [14-18, 39-45] : réalités historiques.
* La crise de 1929 - la Finance internationale : réalités historiques.
* La mondialisation, et ses véritables objectifs. Réalités historiques.
* Etc., etc.

Conclusion

Le Rétablisme a un rôle à jouer dans la compréhension des sociétés modernes afin de dévoiler leur articulation indubitable avec l'Histoire réelle, authentique dans le but de servir de référence [mine d'informations] mise entre les mains du social [en tant que science et en tant que principes relatifs à la vie des hommes en société]. En effet, l'Histoire est actuellement sous l'emprise vertigineuse de l'économie [Finance], et donc de la « *raison économique* » qui s'efforce de ne jamais prendre en compte, dans le cadre de la rationalité [cognition] la notion ontologique de l'individu, pourtant élément fondamental caractéristique de la société.

Le Rétablisme en tant qu'idéologie est un excellent modèle référentiel. Mais son adoption procède d'un libre choix. Par ailleurs, le Rétablisme pourra contribuer à dénoncer les à priori, les vues trop artificielles pour être véridiques, les résolutions trop imprécises et la fabrication des concordismes historiques de certains courants philosophiques et théologiques qui entraînent le monde à sa perte. La vivacité d'esprit rétabliste est une aide précieuse pour celui désireux de se purifier de la fange du *Dogmatisme institutionnalisé* [culturel, social, spirituel] et à mieux définir ses méthodes et ses objectifs en vu de reconstruire sa vision du monde et donc, son existence et son avenir.

De manière plus positive et plus constructive, le Rétablisme offre à la réflexion « philosophique » et théologique une ample matière à réflexion, l'invitant à ne pas se calfeutrer dans des conceptions fausses et irrationnelles, notamment en ce qui concerne les valeurs et les normes morales et, plus généralement, la condition humaine. Peut-être considèrera-t-il la notion « Être au service de l'Humanité » comme essentielle, hautement métaphysique dirons-nous !

Index alphabétique

Table des matières

© 2015, Boutammina, Nas E.

Edition : Books on Demand, 12-14 rond-point des Champs Elysées, 75008 Paris

Impression : Books on Demand GmbH, Allemagne

ISBN : 9782322032556

Dépôt légal :septembre 2013